KB196751

똑똑한 역사신문

삼국 시대와 오늘을 연결한 최초의 신문

똑똑한 역사신문 삼국 시대 편

초판 1쇄 발행 2024년 12월 5일

지은이 신효원
감수 서울대학교 뿌리깊은 역사나무

펴낸이 신호정
편집 이미정, 김수민
마케팅 백혜연, 홍세영
디자인 이지숙

펴낸곳 (주)책장속북스
신고번호 제 2024-000027호
주소 서울시 송파구 양재대로 71길 16-28 원당빌딩 4층
대표번호 02)2088-2887
팩스 02)6008-9050
이메일 chaeg_jang@naver.com
인스타그램 @langlab_kiz
@chaegjang_books

ISBN 979-11-987214-4-0 (73910)

삼국 시대와 오늘을 연결한 최초의 신문

똑똑한 역사신문

삼국 시대 문화·사회·경제·과학·정치 뉴스

책장속 BOOKS

추천사

《똑똑한 역사신문》은 우리 역사의 주요 사건을 신문 기사 형식으로 서술하며, 현대의 시각을 접목해 흥미를 더했습니다. 역사적 사건을 유심히 들여다보면 오늘날 우리 삶의 모습이 과거에 고스란히 녹아 있다는 느낌이 들기도 합니다.

역사 학습이 재밌고 즐거운 이유 역시 우리의 삶과 선조들의 삶이 비슷하다고 여겨지기 때문일 것입니다. 《똑똑한 역사신문》은 이 점을 부각하여 살아 있는 역사 학습이 가능하게 합니다.

먼저 기사 제목으로 아이들의 호기심을 자극하고, 나아가 기사 내용을 읽으며 자연스럽게 역사를 학습할 수 있도록 돕습니다. 그러므로 《똑똑한 역사신문》을 통해 선조들의 일상을 경험하고, 다양한 역사 지식을 배양해 나갈 수 있을 것입니다.

아이들도 좋아하고 재미있게 읽을 거라 생각하며, 이 책을 꼭 한번 읽어 보길 추천합니다.

서울대학교 뿌리깊은 역사나무

머리말

아이들이 어떻게 하면 역사 공부를 재미있게 할 수 있을까요?

《똑똑한 초등신문》의 원고를 쓰던 어느 날이었어요. 느닷없이 이런 생각이 머리를 스치더라고요. 이 책에 실린 100개 기사가 먼 훗날 역사책에 실릴 수도 있겠다는 생각이요. 곧이어 이런 상상도 해봤지요. '만약 과거에도 신문이 있었다면, 거기 쓰인 기사들이 지금 우리가 읽는 역사책 속 이야기겠네!'라고요. 그러다 자연스럽게 제가 이전에 읽었던 역사책들을 떠올리게 됐어요.

고백하자면 제게 역사는 어렵고 힘든 공부 중 하나였어요. 연대순으로 읽어야 한다는 압박감에 흥미 없는 내용이 나와도 참고 읽다 결국엔 중도 포기하기 일쑤였고요, 읽으려고 책을 펼치면 어려운 용어나 어휘들이 돌부리처럼 여기저기 울퉁불퉁 솟아나 있고요, 무엇보다도 그 옛날 옛적 이야기가 나와 무슨 상관인가 싶어서 도무지 계속 읽어 갈 마음이 들지 않았죠.

중요하지 않은 거라면 더 이상 고민도 하지 않았을 거예요. 안 하면 되니까요. 하지만 역사는 우리가 현재의 삶을 이해하고 미래로 한 걸음 한 걸음 내딛기 위해 어떻게든 꼭 알아야 하는 지식이잖아요? 그렇다면 역사 공부를 어떻게 하면 좋을까, 어떻게 전달하면 조금 더 가볍고 즐겁게 알아갈 수 있을까 그때부터 고심하기 시작했습니다.

고민 끝에 이런 질문들을 하게 됐어요. 역사적 사실을 신문 기사처럼 읽을 수 있다면 어떨까? 삼국 시대 사람이 신문을 읽었다면 어떤 기사를 읽었을까? 오늘날 신문 기사 내용이 과거에 일어난 일과 무관하지 않다는 걸 알게 된다면 어떤 마음이 들까? 재미있어 보이는 것부터 골라서 읽을 수 있다면 어떨까?

이 질문에 답을 내놓을 수 있는 책을 만들고 싶다는 마음이 모이고 모여 《똑똑한 역사신문》의 집필을 시작하게 됐습니다.

이 책은 오늘날 기사에서 출발해 이와 맞닿은 삼국 시대 주요 역사적 사실 50개를 문화·사회·경제·과학·정치 총 다섯 개의 분야로 분류해 엮었습니다. 또한 꼭 기억해야 할 역사 상식 문제, 내용을 이해했는지 확인할 수 있는 O, X 문제, 역사 텍스트를 이해하는 데 도움이 될 어휘, 역사적 배경지식을 수록했습니다. 마지막으로 역사서에 반복적으로 등장하는 대표적인 역사어휘 112개를 모아 <역사어휘사전>에 담았습니다.

《똑똑한 역사신문》을 펼쳐 놓고 관심 있는 분야, 재미있어 보이는 역사신문부터 선택해 읽어 보세요. 새하얀 종이에 점을 찍어 가며 선을 그리듯, 흥미로운 기사를 하나둘 찾아 읽어 나가다 보면 어느 틈엔가 각각의 역사적 사실이 하나의 선으로 연결되어 있을 거예요.

《똑똑한 역사신문》을 읽으며 어둑어둑했던 머릿속 역사 지식의 방에 노랗고 환한 불이 하나둘 켜지길, 이 책이 어린이들의 더 넓고 깊은 역사 공부의 즐거운 동력이 될 수 있기를 바랍니다.

신효원

삼국 시대 ~ 통일 신라 시대 연표

- 박혁거세, 신라 건국 (기원전 57년)
- 주몽, 고구려 건국 (기원전 37년)
- 온조, 백제 건국 (기원전 18년)

- 백제 고이왕, 율령 반포

- 고구려 장수왕, 광개토 대왕비 설립 (414년)
- 고구려 장수왕, 국내성에서 평양으로 천도 (427년)
- 신라 눌지왕과 백제 비유왕, 나제 동맹 결성 (433년)
- 백제, 위례성에서 웅진으로 천도 (475년)

기원전 1세기 | 1세기 | 2세기 | 3세기 | 4세기 | 5세기

- 고구려 고국천왕, 진대법 실시

- 백제 근초고왕, 일본에 칠지도 하사 (372년)
- 고구려 소수림왕, 태학 설립 (372년)
- 고구려 소수림왕, 불교 수용 (372년)
- 고구려 소수림왕, 율령 반포 (373년)
- 백제 침류왕, 불교 수용 (384년)

- 고구려와 수나라, 살수 대첩 (612년)
- 신라와 백제의 대야성 전투, 신라 패배 (642년)
- 고구려와 당나라의 안시성 전투, 고구려 승리 (645년)
- 백제와 신라의 황산벌 전투, 백제 멸망 (660년)
- 고구려, 나당 연합군에 의해 멸망 (668년)
- 신라 문무왕, 삼국 통일 (676년)
- 대조영, 발해 건국 (698년)

- 통일 신라 장보고, 청해진 설치 (828년)

6세기 | 7세기 | 8세기 | 9세기 | 10세기

- 왕건, 고려 건국 (918년)
- 거란에 의해 발해 멸망 (926년)
- 통일 신라, 고려에 포섭 (935년)

- 백제 금동 대향로 완성
- 신라 지증왕, 순장 금지 (502년)
- 신라 지증왕, 우산국 정복 (512년)
- 신라 법흥왕, 율령 반포 (520년)
- 신라 법흥왕, 불교 수용 (527년)
- 백제, 웅진에서 사비로 천도 (538년)
- 신라 진흥왕, 황룡사 9층 목탑 건축 (553년)
- 신라 진흥왕, 나제 동맹을 깨고 한강 유역 차지 (553년)
- 신라 진흥왕에 의해 가야 멸망 (562년)

- 통일 신라, 석굴암과 불국사 건축 (751년)

목차

추천사 05
머리말 아이들이 어떻게 하면 역사 공부를 재미있게 할 수 있을까요? 06
삼국 시대 연표 08

PART 1. 문화

01 신라에선 이모티콘을 토기에 새겼다? 16
02 일본을 주름잡은 백제의 한류 스타 20
03 아파트 3층 높이의 비석, 상상이나 할 수 있어요? 23
04 예뻐지고 싶은 건 삼국 시대 사람들도 마찬가지 28
05 무덤에서 발견된 고구려의 타임캡슐 32
06 우리에겐 우륵과 왕산악이 있으니, 열 베토벤 안 부럽다! 37
07 백제 문화, '꾸안꾸'의 매력 41
08 신라 사람이 고구려 사람을 만나면 통역이 필요했을까? 46
09 한국 대기업과 만난 신라의 미소 이야기 49
10 한국 패션 힙한 건 삼국 시대부터 그랬지 53

PART 2. 사회

11 신라의 가을밤 놀이에서 벌어진 일 60
12 고구려 때도 결혼할 때 돈이 많이 들었을까? 63
13 고구려 최고 대학은 바로 이곳 66
14 세상에서 가장 무서운 풍습, 순장 이야기 70
15 백제 사람들도 SNS를 했을까? 74
16 꽃비가 내리던 그날, 신라에 불교가 찾아오다 78
17 바보 온달은 정말 바보였을까? 81
18 신라 사회를 휩쓴 아이돌의 정체 85
19 선화 공주 스캔들, 진실 혹은 거짓 89
20 가짜 뉴스, 삼국 시대에도 판쳤다 93

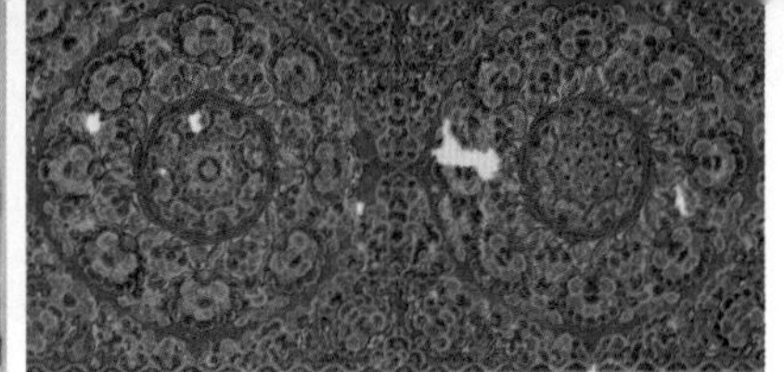

PART 3. 경제

21 예쁜 건 못 참지, 삼국 시대 패션 아이템 100

22 "힘든 백성을 구하라!" 고국천왕의 미션, 완수! 104

23 똑똑한 백제 사람이라면 구구단 정도는 외워야지 108

24 "비나이다 ,비나이다" 비가 오게 해 달라고 기도한 그곳은? 111

25 "음매~" 소가 해결사로 등장한 그때 그 시절 114

26 가난하면 세금은 조금만 내도 돼요 118

27 화폐가 없는데 월급은 뭐로 받지 121

28 "어머 ,이건 꼭 사야 해" 통일 신라 시대 '핫템'은 이것! 126

29 "뽕나무 한 그루도 놓칠 순 없어!" 통일 신라 사람들이 빼곡하게 써 놓은 그것은? 131

PART 4. 과학

30 뿔 달린 칼의 미스터리, 백제 칠지도 이야기 138

31 귀족이라면 바닥에 앉을 순 없지! 삼국 시대 온돌은 하층민의 것 142

32 삼국 시대에도 기상청이 있었다? 146

33 철의 왕국, 가야에는 여전사가 있었다 150

34 삼국 시대 결혼 선물로는 된장이 최고지 155

35 백제판 최신식 냉장고 한번 보고 갈래요? 160

36 타임캡슐 타고 신라로 여행을 간다면, 우린 아마 '여기'를 구경했을 거야 164

37 북소리가 들리면 집으로 돌아가세요 168

38 베르사유 궁전에도 없던 화장실이 통일 신라에는 있었다는 사실을 아십니까? 173

39 공든 탑은 무너지지 않는다 177

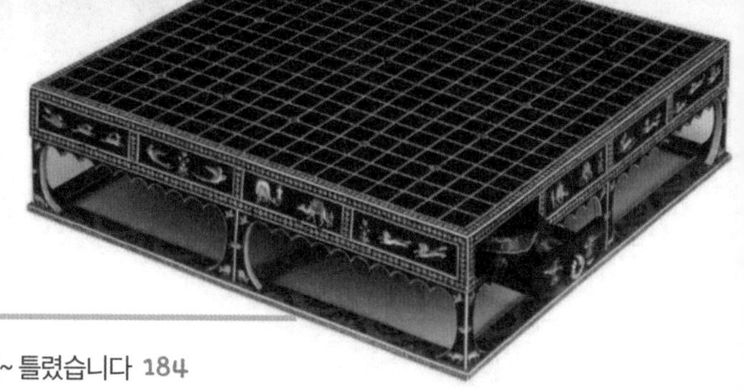

PART 5. 정치

40 옛날엔 왕이 마음대로 결정했겠지? 땡~ 틀렸습니다 184
41 소금 팔던 그 남자는 어쩌다 왕이 되었을까? 189
42 잘나가던 고구려가 수도를 옮긴 까닭은? 193
43 복수와 배신의 드라마, 한강 앞에 영원한 친구는 없다 197
44 우리나라 최초의 스파이, 그는 누구일까? 201
45 누가 뭐래도 독도가 우리 땅인 이유, 여기 있어요! 206
46 신라 어느 촌주의 반성문, "제 잘못을 알립니다" 210
47 우리 역사 속 여왕은 오직 세 명뿐, ○○에만 있었어요 213
48 백제의 마지막 싸움, 황산벌 전투 217
49 고구려 마지막 지도자, 그는 악인인가? 영웅인가? 222
50 이 나라 사람 셋이 모이면 호랑이도 당해 낸다! 226

정답 230
역사어휘사전 (수록 어휘 112) 232

문화

01 신라에선 이모티콘을 토기에 새겼다?
02 일본을 주름잡은 백제의 한류 스타
03 아파트 3층 높이의 비석, 상상이나 할 수 있어요?
04 예뻐지고 싶은 건 삼국 시대 사람들도 마찬가지
05 무덤에서 발견된 고구려의 타임캡슐
06 우리에겐 우륵과 왕산악이 있으니, 열 베토벤 안 부럽다!
07 백제 문화, '꾸안꾸'의 매력
08 신라 사람이 고구려 사람을 만나면 통역이 필요했을까?
09 한국 대기업과 만난 신라의 미소 이야기
10 한국 패션 힙한 건 삼국 시대부터 그랬지

신라에선 이모티콘을 토기에 새겼다?

서기 **5세기** 뉴스 1 2 3 4 **5** 6 7 8 9 10

토기 이모티콘 | 출처_국가유산청
2023년에 국가유산청에서 만든 토기 이모티콘이에요.

지난 2023년 초, **국가유산청**은 토기 이모티콘을 만들었어요. 귀엽고 **익살스러운** 표정의 **토기** 이모티콘은 많은 사람들의 사랑을 받았는데요, 이렇게 깜찍한 이모티콘이 탄생한 배경이 된 어떤 '일'이 있었답니다. 그것은 바로 2019년, 경북 경산에서 얼굴 모양 토기가 **발굴된** 일! 발굴된 얼굴 모양 토기는 어떤 모양이었을까요? 토기 모양이 어땠길래 이렇게 귀여운 이모티콘이 만들어진 걸까요?

얼굴 모양 토기 | 출처_국가유산청
2019년, 경산 소월리 유적에서 발견된 삼면이 돌아가며 얼굴 모양인 토기예요.

짠! 이런 얼굴 모양 토기였어요!

토기 옆면 구멍으로 귀를 표현했는데, 동그랗게 벌린 입으로 보이기도 해요.

경산 소월리 **유적**에서 발견된 토기에는 무표정인 듯, 심각한 듯, 말하는 듯한 표정이 새겨져 있었어요. 이 귀여운 표정들은 이모티콘으로 쓰여도 손색이 없어 보이죠. 토기 옆면에 긴 타원형으로 두 눈과 입을 표현했고요, 안에서 밖으로 2개의 구멍을 뚫어 콧구멍을 만들었어요. 콧등 양쪽을 눌러 콧등도 볼록하게 드러냈고요. 이와 같은 얼굴 모양 3개를 같은 간격으로 표현했어요. 발굴된 토기는 높이 28센티미터 정도로 토기 윗부분에는 가운데 작은 구멍을 뚫어 놓았고, 토기 옆면에는 둥근 구멍을 뚫어 귀를 표현했어요. 그런데 재미난 것은 토기를 돌려 보다 보면 3개의 얼굴 외에 또 다른 얼굴이 보인다는 거예요. 귀로 표현한 둥근 원이 마치 입을 동그랗게 벌린 얼굴로 보이기도 하거든

얼굴 모양 토기와 시루 | 출처_국가유산청
경산 소월리 유적에서 토기와 시루가 함께 출토된 당시 모습이에요.

| 토기와 시루는 이렇게 사용되었을 거예요.

요. 보는 각도에 따라 6개의 다른 얼굴이 나타나요. 이전에도 사람 얼굴 모양 토기가 **출토된** 적이 있었지만, 이번처럼 다양한 얼굴 모양이 하나의 토기에 표현된 것은 처음이었다고 해요.

무엇에 쓰는 토기였을까?

얼굴 모양 토기는 제작 방식과 특징 등으로 미루어 볼 때 5세기쯤 만들어진 것으로 **추정돼요**. 이 얼굴 모양 토기 바로 옆에서 **시루**가 출토됐는데요, 발굴대가 이 시루의 뚫린 부분에 얼굴 모양 토기를 올려 보니 세트인 것처럼 꼭 들어맞았던 거예요. 얼굴 모양 토기와 시루는 위아래 **결합된** 상태로 함께 사용되었을 것으로 보여요.

이 **유물**들은 사람들이 사는 공간이 아니라 **의례**와 관련된 시설로 추정되는 곳에서 발견되었어요. 따라서 얼굴 모양 토기는 일상적인 목적으로 만들어졌다기보다 의례 행위와 관련된 유물일 것으로 추정해요.

역사 문해력 키우기

Q 신라 사람들이 이렇게 귀여운 얼굴 모양 토기를 만든 이유가 뭘까요?
또 이 토기는 무엇을 하는 날에 썼을까요?

역사 상식

◆ **다음 빈칸을 채우세요.**

경주에서 발굴된 얼굴 모양 [ ][ ] 는 살아 있는 얼굴 표정으로 화제가 됐어요.

◆ **맞으면 O, 틀리면 X 하세요.**

1. 얼굴 모양 토기에 다양한 표정이 새겨져 있어요. [ ]
2. 얼굴 모양 토기가 출토된 것은 이번이 처음이에요. [ ]
3. 경주에서 발굴된 얼굴 토기는 일상생활에서 요리하기 위해 만들어졌어요. [ ]

어휘 풀이

- **국가유산청** | 문화재를 보존하고 연구하는 등 여러 일을 맡아보는 기관
- **익살스럽다** | 다른 사람을 웃기려고 일부러 재미있는 말이나 행동을 하는 데가 있다
- **발굴되다** | 땅속에 묻혀 있던 것이 찾아져 파내지다
- **유적** | 남아 있는 역사적인 흔적
- **출토되다** | 땅속에 묻혀 있던 오래된 물건이 밖으로 나오게 되거나 파내어지다
- **추정되다** | 미루어 생각하여 판단하고 정해지다
- **시루** | 떡이나 쌀을 찌는 데 쓰며, 바닥에 구멍이 뚫려 있는 둥글고 넓적한 그릇
- **결합되다** | 서로 관계를 맺어서 하나로 합쳐지다
- **유물** | 앞선 시대에 살았던 사람들이 남긴 물건
- **의례** | 정해진 방법과 순서로 진행되는 행사

역사 지식

◆ **토기**

점토를 빚어 불에 구워 만든 그릇이에요. 지금으로부터 약 1만 2천 년 전에 발명된 토기는 전 세계 인류가 두루 사용했어요. 모양이나 무늬를 살펴보면 그 지역에 살았던 사람들과 그 시대의 특징을 알 수 있어요.

일본을 주름잡은 백제의 한류 스타

서기 5세기 뉴스 1 2 3 4 5 6 7 8 9 10

한류 열풍이 식을 줄 모르고 점점 더 뜨거워지고 있어요. K-팝, K-드라마, K-푸드, K-뷰티 등 어디 하나 한류의 손길이 닿지 않은 곳을 찾기가 어려워요. 한국 문화가 전 세계인의 마음을 사로잡고 있는 2024년! 지금으로부터 약 1,600년 전, 백제에도 대표 한류 스타가 있었다고 합니다.

| **왕인 박사** | 출처_영암 왕인 박사 유적지

백제 한류 스타, 그의 이름은

'왕인'이에요. 왕인이 태어난 해는 정확하지 않지만, 일본 역사책 《고사기》에 따르면 백제 근초고왕 때 태어났다고 해요. 어려서부터 얼마나 똑똑하고 학문에 뛰어났던지, 8살 때부터 **유학**과 **경전**을 익혔대요. 18살 때는 **오경박사**라는 관직에 올랐어요. 오경박사란 《시경》, 《서경》, 《역경》, 《예기》, 《춘추》 등 다섯 경서에 **능통한** 사람을 가리켜요. 이때 경서란 유교의 **사상**과 **원리**를 써 놓은 책을 말해요.

오경박사로 존경받던 왕인이 일본 응신천황의 초청을 받았다는 기록이 《일본서기》에 남아 있어요. 그때 왕인은 여러 책을 가지고 대장장이,

기와 장인 등 여러 기술자와 함께 일본으로 갔던 것으로 **추정됩니다**.

공부만 잘했다고 한류 스타가 되진 않았을 텐데...

일본으로 건너간 왕인은 왕과 신하들에게 유교 경전과 역사를 가르쳤어요. 일본의 외교 문서 해석뿐만 아니라, 작성까지도 해줬지요. 한마디로 왕인이 국가 운영에 필요한 제도를 만드는 데 도움을 줌으로써 당시 일본이 고대 국가로 나아갈 수 있는 기초를 마련해 준 거예요. 왕인과 함께 일본으로 갔던 백제의 기술자들도 왕인과 더불어 일본의 고대 문화 발전에 커다란 **기여**를 했고요.

왕인은 지금도 일본에서 '학문의 신'으로 불리며 존경받아요. 일본이 학문의 기초를 닦아 **문명국가**로 나아갈 수 있도록 도와줬기 때문이에요. 백제의 한류 스타였던 왕인, 1,600년째 존경을 받고 있는 왕인은 21세기 한류 스타의 **원조**라고 해도 **손색**이 없겠어요.

역사 문해력 키우기

Q 왕인을 백제의 한류 스타라고 부른 이유가 뭐였어요?

| 일본 오사카부 히라카타시에 있는 왕인 박사의 묘예요.

역사 상식

◆ **다음 빈칸을 채우세요.**

일본에서 학문의 신이라 불리며 존경받고 있는 사람은 백제의 오경박사 ☐☐ 이에요.

◆ **맞으면 O, 틀리면 X 하세요.**

1. 왕인은 직접 일본 왕을 찾아가 유교를 가르치겠다고 말했어요. ☐
2. 왕인은 일본으로 갈 때 학자들이랑만 함께 갔어요. ☐
3. 왕인은 일본이 문명국가로 발전해 나가는 데 도움을 줬어요. ☐

어휘 풀이

- **유학** | 공자의 가르침을 중심으로 하는 학문
- **경전** | 옛 성현(지혜롭고 훌륭해 본받을 만한 사람)의 가르침을 적은 책
- **능통하다** | 어떤 분야에 대해 아주 뛰어나다
- **사상** | 어떤 것(사회, 정치 등)에 대하여 가지고 있는 일정한 의견과 생각
- **원리** | 사물의 기본이 되는 이치나 법칙
- **추정되다** | 미루어 생각하여 판단하고 정해지다
- **기여** | 도움이 됨
- **문명국가** | 자연 그대로의 원시적 삶에서 발전되어 생활과 문화 수준이 높은 나라
- **원조** | 어떤 일을 맨 처음 시작한 사람 또는 처음 시작된 것으로 여겨지는 물건
- **손색** | 남이나 다른 것과 비교해서 못한 점

역사 지식

◆ **오경박사**

백제 시대에 《시경》, 《서경》, 《역경》, 《예기》, 《춘추》 등 다섯 경서에 능통한 사람에게 주었던 관직을 말해요.

아파트 3층 높이의 비석, 상상이나 할 수 있어요?

서기 **5세기** 뉴스 1 2 3 4 **5** 6 7 8 9 10

1880년**경**, 중국 길림성에서 어마어마한 크기의 비석이 이끼에 둘러싸인 채 발견됐어요. 어른이 아무리 까치발을 들어도 맨 위를 볼 수 없을 만큼 높은 비석이었죠. 궁금해진 사람들은 비석에 가득 낀 이끼를 제거해 봤죠. 그러자 총 4개 면에 새겨진 1,802자의 글자가 드러난 거예요. 이것은 다름 아닌 414년에 **광개토 대왕**의 아들인 **장수왕**이 아버지가 돌아가시고 나서 세운 광개토 대왕비였죠! 발견 당시 이끼를 없애려고 불을 질러 상당수 글자가 **훼손됐지만**, 그럼에도 불구하고 한국 고대 역사가 담긴 매우 귀중한 **유물**이랍니다.

| 광개토 대왕비 | 출처_국가유산청

1,802자에 어떤 내용이 담겼을까?

"광개토 대왕은 18세에 왕위에 올랐다. 은혜로움은 하늘에, 위엄은 사방의 바다에 떨쳐 나라는 부유하고 강해지고 백성은 여유롭고 곡식은 풍성하게 여물었다. 하늘도 무심하게 39세에 돌아가시니 이에 비석을 세우고 공적을 새겨 다음 세대에 전하노라."

광개토 대왕비 탁본 | 출처_국가유산청
비석에 새겨진 글자체는 강하고도 역동적인 고구려의 모습을 표현했어요.

이는 광개토 대왕비에 쓰인 내용 중 일부예요. 이처럼 광개토 대왕비는 광개토 대왕의 아들 장수왕이 아버지의 **업적**을 **기리고** 고구려의 **위상**을 알리기 위해 세운 비석이에요. 비석의 4개 면에는 고구려 건국 신화에서부터 출발해 광개토 대왕의 업적이 차례로 쓰여 있어요. 1면에는 **주몽**이 부여를 떠나 고구려를 세우게 된 과정이 쓰여 있고요, 2면과 3면에는 광개토 대왕이 22년간 **영토**를 어떻게 넓혔는지에 대한 과정이 **연대순**으로 기록돼 있어요. 4면에서는 무덤 관리 방법을 써 놓았고요.

광개토 대왕비 같은 건 옛날엔 흔한 거 아니었나요?

아니요, 그렇지 않아요. 먼저 광개토 대왕비는 동아시아에서 가장 큰 비석으로, 그 크기부터가 남달라요. 6.39미터로 3층 건물 높이, 무게 37톤에 달하는 엄청난 크기거든요. 위로 올라갈수록 폭도 더 두꺼워지고 맨 윗면의 왼쪽이 더 높아 어쩐지 하늘로 솟구치는 느낌마저 들어요. 또 비석의 형태도 특이해요. 비석이라고 하면 일반적으로 네모반듯한 모양을 떠올리지만, 광개토 대왕비는 곧은 직육면체 모양이 아니에요. 비석 가장자리는 구불구불하고요, 표면도 울퉁불퉁하죠. 새겨진 글자체는 화려할 것 같지만 의외로 소박하고

광개토 대왕비 탁본 | 출처_국립중앙박물관
비석의 4개 면에는 고구려 건국 신화에서부터 광개토 대왕의 업적이 차례로 쓰여 있어요.

요. 왜 이렇게 표현했을까요? 웅장하지만 **수수하고** 틀에 얽매이지 않은 형태로 강하고도 **역동적**인 고구려의 모습을 표현하기 위해서였답니다. 고구려가 **강대국**임을 **위풍당당하게** 보여 주고 있는 거죠!

역사 문해력 키우기

Q 광개토 대왕비는 어떤 점에서 특별한 비석이에요?

역사 상식

◆ **다음 빈칸을 채우세요.**

☐☐☐ ☐☐☐ 는 장수왕이 아버지의 업적을 기리기 위해 세운 비석이에요.

◆ **맞으면 O, 틀리면 X 하세요.**

1. 광개토 대왕비에는 고구려라는 나라가 어떻게 세워졌는지 쓰여 있어요. ☐
2. 광개토 대왕비는 동아시아에서 규모가 가장 큰 비석이에요. ☐
3. 광개토 대왕비는 반듯하게 자른 직육면체로 화려한 글씨체와 매끈한 표면이 특징이에요. ☐

어휘 풀이

- **경** | '그 시간 또는 날짜에 가까운 때'의 뜻을 더하는 말
- **훼손되다** | 무너지거나 깨져 상하게 되다
- **유물** | 앞선 시대에 살았던 사람들이 남긴 물건
- **업적** | 사업에서 연구 등에서 노력과 수고를 들여 이루어 놓은 결과
- **기리다** | 뛰어난 업적이나 위대한 사람 등을 칭찬하고 기억하다
- **위상** | 어떤 것이 다른 것과의 관계 속에서 가지는 위치나 상태
- **영토** | 한 국가의 땅
- **연대순** | 지나온 햇수나 시대의 차례
- **수수하다** | 돋보이거나 화려하지 않고 평범하다
- **역동적** | 힘차고 활발하게 움직이는 것
- **강대국** | 힘이 세고 큰 나라
- **위풍당당하다** | 위엄 있고 대단하고 떳떳하다

역사 지식

◆ 광개토 대왕

391년~412년 고구려를 다스린 제19대 왕이에요. 고구려의 영토를 크게 확장했고, 특히 북쪽으로 세력을 떨쳤어요.

◆ 장수왕

413년~491년 고구려를 다스린 제20대 왕이에요. 도읍을 국내성에서 평양으로 옮기고, 남쪽으로 영토를 넓히며 백제가 다스리고 있던 한강을 차지했어요.

◆ 주몽

고구려를 세운 왕이에요(동명성왕, 기원전 37년~기원전 19년). 해모수와 하백의 딸 유화 사이에서 태어나, 부여 금와왕 보호 아래 자라났지만, 활을 잘 쏘고 똑똑해 다른 왕자들이 시기하자, 부여를 떠나 고구려를 세우게 돼요.

예뻐지고 싶은 건 삼국 시대 사람들도 마찬가지

서기 5세기~6세기 뉴스 1 2 3 4 5 6 7 8 9 10

K-화장품이 전 세계적으로 큰 인기를 끌고 있어요. 전 세계 사람들이 한국 화장품을 사고, 한국 사람들의 화장법을 따라 하는 등 K-뷰티 열풍이 불고 있거든요. K-뷰티 열풍이라고 하니 문득 궁금해지는데요, 한국의 화장품 제조 기술과 화장법은 최근 들어서야 인기가 많아진 걸까요? 아니면 이전에도 앞서가는 화장품 제조 기술을 갖고 있었던 걸까요? 또 화장은 현대 사람들만 했을까요? 아니면 고대 사람들도 했을까요?

옛날 사람들이라고 해서 예뻐지고 싶은 마음이 없었던 건 아니에요

삼국 시대 사람들도 화장을 했어요. 그들도 우리와 마찬가지로 아름다워 보이고 싶었거든요. 고대인들도 화장을 했다는 증거는 고구려 수

수산리 고분 벽화 | 출처_동북아역사재단
귀부인과 시녀들의 행렬인데, 모두 뺨과 입술을 붉게 화장했어요.

산리와 쌍영총 **고분 벽화**에서 찾아볼 수 있습니다. 이 고분 벽화에 뺨과 입술을 붉게 화장한 남녀가 등장하는데요, 이들은 귀부인에서부터 시녀, **무인**에 이르기까지 상당히 다양해요. 이것으로 5세기~6세기경 사람들은 사회적 **지위**와 관계없이 모두 **연지** 화장을 한 것을 알 수 있어요. 고구려 사람뿐만 아니라 신라인들 역시 다양한 **장신구**를 하거나 이마와 뺨, 입술에 연지를 발랐어요. 백제인들은 **분**은 발랐지만, 연지는 바르지 않았다는 기록이 남아 있어, 주로 옅은 화장을 했던 것으로 **추정돼요**.

쌍영총 고분 벽화
시녀들 모습인데, 연지 화장을 하고 있어요.

삼국 시대에는 남성도 화장을 했어요. 이는 '지위 높은 사람들의 아들 중 잘생긴 이들을 뽑아 분을 바르고 꾸며 **화랑**이라고 불렀다'라는《삼국사기》기록을 통해 알 수 있었어요. 즉, 신라 화랑은 짙은 화장을 한 '꽃미남'이었던 겁니다. 이뿐만 아니라, 고구려 고분 벽화에도 하얗게 분을 바르고 입술을 붉게 한 남성이 등장해요.

K-뷰티의 뿌리 삼국 시대의 뛰어난 화장 기술, 다른 나라로 널리 퍼져 나가

삼국 시대의 화장술은 인도 및 중국 등 주변 나라들과 주고받으며 다양하게 발달했어요. 신라 시대에는 곡식, 조개껍데기 빻은 가루 등으로 얼굴을 하얗게 만들었고요, 잇꽃(홍화)으로 연지를, 백합꽃의 붉은 **수술**로 **색분**을 만들었어요.

특히 신라와 백제의 분을 만드는 기술은 매우 뛰어났어요. 692년에는 신라의 한 승려가 일본에서 **연분**을 만들어 상을 받았고, 일본이 백제로

| 잇꽃(홍화)

부터 화장품 제조 기술과 화장 방법을 배워 갔다는 기록이 남아 있거든요. 7세기에 연분을 만들었다는 것은 세계적으로 찾아볼 수 없는 대발명으로 평가된대요! 2024년 전 세계로 퍼져 나간 K-뷰티! 그 뿌리는 삼국 시대에서 찾을 수 있지 않을까요?

역사 문해력 키우기

Q 삼국 시대 사람들은 어떻게 하다가 화장하기 시작했을까요?

역사 상식

◆ **다음 빈칸을 채우세요.**

신라에서는 귀족의 아들 중 잘생긴 이들을 뽑고 꾸며 ☐☐ 이라고 불렀어요.

◆ **맞으면 O, 틀리면 X 하세요.**

1. 고구려에서는 지위가 높은 사람들만 화장을 했어요. ☐
2. 백제 사람들은 하얀 분을 바르고 입술을 붉게 하는 화장을 즐겼어요. ☐
3. 백제의 화장품 제조 기술이 뛰어나 일본에서 배워 갔다는 기록이 있어요. ☐

어휘 풀이

- **무인** | 무사인 사람
- **지위** | 사회적 신분에 따르는 위치나 자리
- **연지** | 볼이나 입술에 바르는 붉은 색의 화장품
- **장신구** | 몸을 보기 좋게 꾸미는 데 쓰는 물건
- **분** | 얼굴에 바르는 고운 가루로 된 화장품
- **추정되다** | 미루어 짐작되어 정해지다
- **수술** | 꽃의 가운데에 있으며 꽃가루를 만드는 기관
- **색분** | 색이 들어간 가루 화장품
- **연분** | 얼굴에 바르는 고운 가루로 된 화장품

역사 지식

◆ **고분 벽화**

무덤 안의 천장이나 벽면에 그려 놓은 그림으로, 주로 지배층의 무덤에 그려졌어요. 고분 벽화를 통해 당시의 풍속, 죽은 후의 세계에 관한 생각, 종교 등을 알 수 있어요.

◆ **화랑**

신라의 젊은 남성들을 위한 수양 단체로, 귀족의 자제 중 용모가 빼어난 사람들을 모아 몸과 마음을 갈고닦고 공부하게 했어요.

무덤에서 발견된 고구려의 타임캡슐

서기 **3세기 말~7세기** 뉴스 1 2 3 4 5 6 7 8 9 10

2004년 롯데월드에서는 아이스 링크장 빙판 아래 타임캡슐을 묻는 행사를 열었어요. 그로부터 20년이 지난 2024년 7월에 타임캡슐을 열어 봤는데요, 사람들은 그 속에 적힌 메모를 보고 저마다 추억에 잠겼대요. 거기에는 사랑하는 사람들에게 전하는 메시지와 사진이 오롯이 담겨 있었거든요. 오래전 고구려 **고분 벽화**에도 당시의 삶을 보여 주는 그림이 타임캡슐처럼 남아 있다고 합니다. 어떤 추억이 담긴 그림들이 남아 있었을까요?

강서 약수리 고분 벽화 | 출처_국가유산청
무덤 주인 부부가 시중을 받는 모습이에요. 생전에 살았던 집의 구조와 뼈대가 그려져 있어요.

무덤 속에 어떤 그림을 그렸을까?

고분은 과거에 만들어진 무덤 중 역사적 자료가 될 만한 것을 뜻하고, **벽화**는 벽에 그린 그림을 말해요. 즉, 고분 벽화란 무덤 안의 천장이나 벽면에 그려 놓은 그림을 뜻해요. 고대 사회 초기에는 지위가 높은 사람이 죽으면 **시종**이나 노비를 함께 묻는 **순장**을 했지만, 사람들의 생각이 점차 달라지면서 무덤 안에는 사람이 아닌 **모형물**이나 그림을 그려 넣게 됐죠. 고분에 그린 그림은 주로 풍속, 장식 무늬 등이었는데요, 죽은 사람이 살아 있을 때 행복했던 순간, 잊지 않고 오랫동안 간직할 법한 일들이 주로 그려졌어요. 무덤 내에는 집의 뼈대를 그려 넣어 죽은 사람이 죽기 전에 살았던 집처럼 보이게 했고요.

무덤 속 그림에는 죽음이 아닌 삶이 있었답니다

고구려 고분 벽화는 대략 3세기 말에서 7세기까지 이어지는데, 무덤을 만든 방식과 그림의 주제에 따라 크게 세 시기로 나눠요. 제1기(3세기 말~5세기 초)에는 죽은 사람이 **생전**에 살았던 집의 구조와 뼈대를 무덤 안에 그려 실제 집처럼 꾸몄어요. 벽면에는 무덤 주인 부부가 시중을 받으며 춤과 노래를 즐기는 장면, 말 타고 사냥하는 사람들의 모습이 표현돼 있어요. 제2기(5세기 중반~6세기 초)에는 생활 모습과 더불어 **사신도**, 불교 장식 무늬가 등장해요. 이때 대표적인 고분인 **무용총**에는 춤을 추고 있는 무용수를 그린 무용도, 말을 타고 사슴과 호랑이를 사냥하는 사람들의 모습을 생동감 있게 표현한 그림 수렵도가 있어요.

무용총 고분 벽화 | 출처_국가유산청
무용수가 춤을 추고 있는 무용도예요.

무용총 고분 벽화 | 출처_국가유산청
말을 타고 사냥하는 모습을 표현한 수렵도예요.

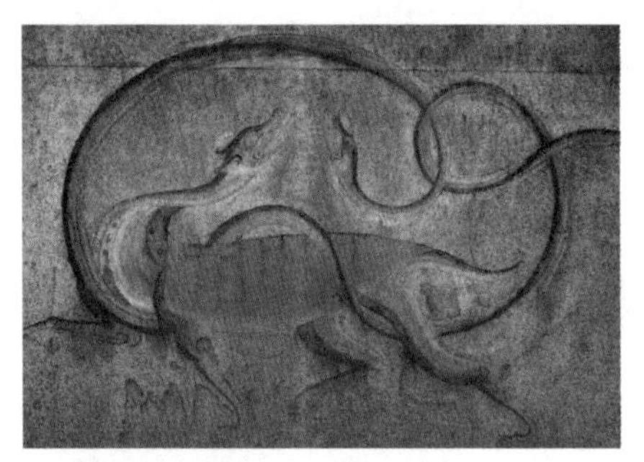

강서대묘 고분 벽화 | 출처_국가유산청
신령스런 짐승을 그린 현무도예요.

제3기(6세기 중반~7세기)에는 그림의 주제가 사신도 한 가지로 바뀌게 됩니다. 사신도란 청룡, 백호, 주작, 현무와 같은 **신령스러운** 짐승을 그린 그림을 말해요. 이 시기의 고분 벽화에는 고구려만의 화려하고 세련된 분위기가 잘 나타나 있어요.

이처럼 고구려 고분 벽화에는 고구려 사람들의 생활이 생생하게 담겨 있어요. 고구려라고 하면 거친 이미지와 더불어 백제나 신라에 비해 예술성이 떨어진다고 오해하기도 하지만 이는 사실이 아니에요. 오히려 부드러운 곡선을 강하고 거침없이 사용해 살아 숨 쉬는 **역동성**을 표현하고 있어요. 역사 문화 자료로서 상당한 가치를 지니고 있는 고구려 고분 벽화는 2004년에 **유네스코 세계 문화유산**으로도 등재됐어요.

역사 문해력 키우기

Q 고구려 사람들은 왜 무덤 안에 춤과 노래를 즐기고 사냥하는 사람들의 모습을 그렸을까요? 어떤 마음으로 그림을 그렸을까요?

역사 상식

◆ **다음 빈칸을 채우세요.**

무덤 안의 천장이나 벽면에 그려 놓은 그림을 ☐☐ ☐☐ 라고 해요.

◆ **맞으면 O, 틀리면 X 하세요.**

1. 고대 사회에는 왕족이나 귀족이 죽으면 노비를 함께 묻는 제도가 있었는데, 이때 무덤 벽에 그림도 그렸어요. ☐
2. 고구려 초기 무덤에는 실제 살던 집의 구조와 즐거웠던 생활 모습이 그려져 있어요. ☐
3. 신령스러운 짐승 그림은 시기와 관계없이 고분 벽화에 계속 등장해요. ☐

어휘 풀이

- **고분** | 고대에 만들어진 무덤으로 역사적 또는 고고학적 자료가 될 수 있는 분묘(흙을 쌓아놓은 묘)
- **벽화** | 건물이나 동굴, 무덤 등 벽에 그린 그림
- **시종** | 어떤 사람의 옆에 있으면서 다양한 심부름을 하는 사람
- **순장** | 왕이나 귀족이 죽으면 그의 신하나 아내 등 산 사람을 함께 무덤에 묻던 일
- **모형물** | 어떤 것의 실제 모양을 그대로 따라서 만든 물건
- **생전** | 살아 있는 동안
- **사신도** | 청룡, 백호, 주작, 현무와 같은 신령스러운 짐승을 그린 그림
- **신령스럽다** | 신기하고 묘한 데가 있다
- **역동성** | 힘차고 활발하게 움직이는 성질

역사 지식

◆ **고분 벽화**

무덤 안의 천장이나 벽면에 그려 놓은 그림을 말해요. 주로 왕이나 귀족 등 지배층의 무덤에 그려졌어요. 고분 벽화를 통해 당대 사람들의 풍속, 죽은 후의 세계에 관한 생각, 종교 등을 알 수 있어요.

◆ **무용총**

중국 길림성에 있는 고구려 고분으로, 이때 '총'은 누구의 무덤인지 알 수 없지만, 크기나 규모로 볼 때 무덤의 주인이 그 시대의 상당한 권력자임을 알 수 있는 무덤을 말해요. 무용하는 모습이 그려진 벽화가 있어 무용총이라고 불러요. 무용총 안에는 춤을 추는 모습 외에도 무사가 말을 타고 사슴과 호랑이를 사냥하는 모습, 집의 모습, 손님 접대 등의 모습을 묘사한 다양한 벽화가 그려져 있어요.

◆ **유네스코 세계 문화유산**

앞으로 인류가 함께 지켜 나가야 할 가치가 있는 자연유산 및 문화유산들을 발굴하고 보존하기 위해 '세계 문화 및 자연 유산 보호 협약' 규정에 따라 유네스코에서 지정하는 유산이에요.

우리에겐 우륵과 왕산악이 있으니, 열 베토벤 안 부럽다!

서기 4세기~6세기 중반 뉴스 1 2 3 4 5 6 7 8 9 10

'심금을 울리다'라는 말을 아나요? '심금'의 '심'은 마음을, '금'은 거문고를 뜻하는 한자로, 마음속 거문고라는 말이에요. 즉, '심금을 울리다'라는 말은 아름다운 거문고 소리가 마음속에서 울려 퍼지듯 사람의 마음에 감동을 일으킨다는 의미죠. 거문고는 어떤 악기이길래 사람들을 감동케 했을까요? 당시 사람들의 마음을 흔들어 놓은 악기로는 또 무엇이 있을까요?

악기 중 왕중왕 거문고 이야기

오래전 중국 진(晉)나라 사람이 고구려에 칠현금이라는 악기를 보냈어요. 당시 고구려에는 칠현금을 연주할 줄 아는 사람이 없어서 나라에서는 이를 다룰 줄 아는 사람을 찾아 나섰죠. 이때 왕산악이라는 사람이

무용총 고분 벽화 | 출처_국가유산청
악기를 연주하고 있는 여인들의 모습이에요.

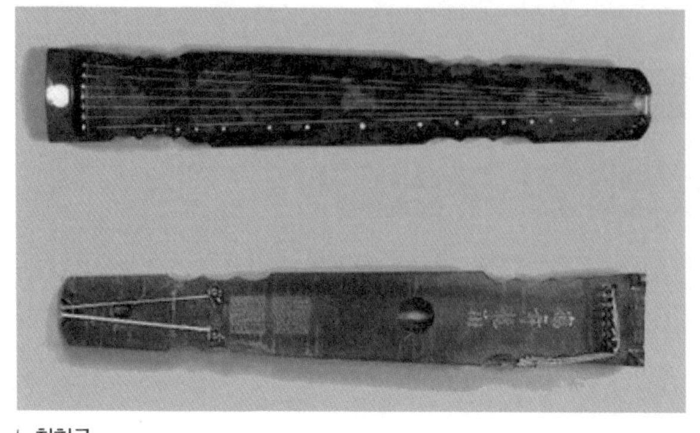

칠현금
고대 중국에서 사용한 현악기예요.

등장합니다. 그는 칠현금을 고쳐 거문고라는 악기를 새롭게 만들고 거문고 연주곡을 100여 곡 지었어요. 왕산악이 이 곡들을 연주하자, 검은 학이 날아와 아름답게 춤을 췄다는 이야기도 전해져요. 검은 학이 춤추는 **상서로운** 장면을 본 사람들은 왕산악이 만든 악기를 현학금(현(玄): 검을 현, 학(鶴): 학 학, 금(琴): 거문고 금)이라고 불렀고 후에는 '현금'이라 줄여서 불렀어요.

현재 우리가 부르는 거문고라는 명칭은 나라를 뜻하는 우리말인 '감'과 악기를 뜻하는 말인 '고'를 더해 만든 것으로, 나라의 악기라는 뜻이에요. 거문고는 6개의 명주실을 **술대**로 튕겨 연주하는 악기인데요, 악기 한쪽 끝을 무릎 위에, 다른 쪽 끝은 바닥에 놓고 앉아서 연주해요. 거문고는 8세기~9세기 이후 우리나라의 대표 현악기가 되었고 조선 시대에 이르기까지 오래도록 선비들의 악기로 사랑받았어요.

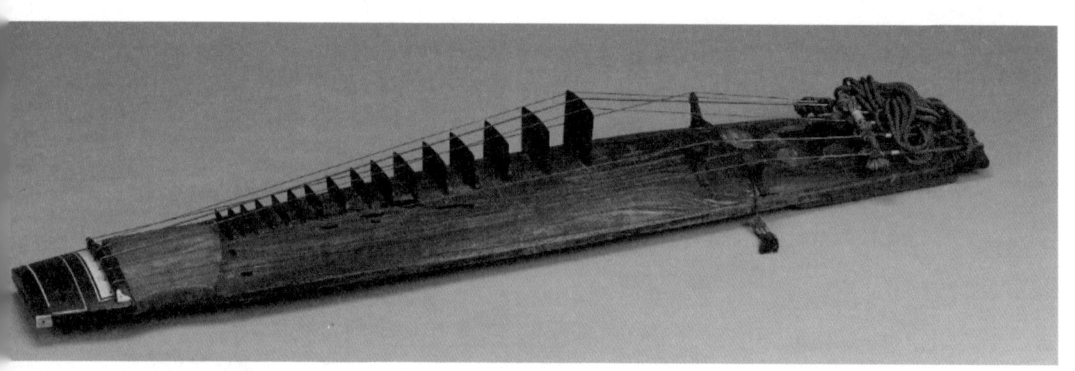

거문고 | 출처_서울역사박물관
명주실을 꼬아 만든 6개의 줄을 '술대'로 치거나 뜯어 연주해요.

신라의 진정한 엔터테이너 우륵과 가야금 이야기

| **우륵** | 출처_전통문화포털

또 다른 인기 악기, 가야금을 이야기하려면 우륵을 이야기하지 않을 수 없어요. **가야** 사람이었던 우륵은 가야금 연주와 작곡뿐만 아니라 노래와 춤까지, 어느 것 하나 빼놓지 않고 잘하는 **만능** 엔터네이너였어요. 우륵은 가야를 하나로 만드는 음악을 만들라는 가야 왕의 명령에 따라, 가야금과 연주곡 12곡을 만들었어요. 그러나 가야는 멸망하고 말았고, 이에 우륵은 신라로 향합니다. 당시 신라 진흥왕은 우륵의 가야금 연주가 훌륭하다는 소문을 들어요. 얼마 뒤 우륵의 연주를 직접 듣게 된 진흥왕은 크게 감명받아, 세 명의 신라 사람을 우륵에게 보내 가야금과 노래, 춤을 배우게 했어요.

| **가야금** | 출처_국립무형유산원
12줄로 되어 있으며, 맨 손가락으로 줄을 뜯어서 소리를 내요.

가야금은 '가얏고'라고 불리기도 하는데요, 이는 가야국의 현악기라는 뜻이에요. 가야금은 오동나무로 만든 통에 12줄의 명주실을 끼워 만든 악기로, 맨손으로 줄을 뜯고 튕겨서 소리를 내요. 가야를 하나의 왕국으로 만들고 싶었던 가야 왕의 소망이 담긴 가야금 연주곡들은 우륵을 통해 신라에서 꽃을 피워 이어 나가게 됐답니다.

역사 문해력 키우기

Q 거문고와 가야금은 어떻게 해서 만들어졌는지, 그 차이가 무엇인지 설명해 보세요.

역사 상식

◆ **다음 빈칸을 채우세요.**

☐☐ 은 가야금을 만든 사람으로 연주, 작곡, 노래와 춤 등 음악적 재능이 뛰어났어요.

◆ **맞으면 O, 틀리면 X 하세요.**

1. 왕산악이 중국 악기를 고쳐 거문고를 만들고 연주곡도 만들었어요. ☐
2. 거문고 연주는 삼국 시대를 지나면서 점차 사라졌어요. ☐
3. 진흥왕은 신라의 통합을 위해 우륵에게 가야금을 만들라고 명령했어요. ☐

어휘 풀이

- **심금을 울리다** | 깊이 감동하게 하다
- **상서롭다** | 복되고 좋은 일이 일어날 듯하다
- **술대** | 거문고 등을 연주할 때 사용하는 단단한 대나무로 만든 도구
- **만능** | 모든 일을 다 할 수 있는 것

역사 지식

◆ **가야**

42년에 김수로왕이 세운 지금의 경상도 자리에 있던 나라예요. 작은 나라들이 연대해 세운 연맹 왕국이에요. 가야에는 좋은 철이 많이 나서 다른 나라와 교역을 활발하게 했어요. 그러나 작은 나라들이 각각의 독립성이 강해 가야는 중앙 집권적 국가로 성장하지 못한 채 결국 562년에 신라에 의해 멸망했어요. 이후 가야 문화는 신라 문화에 큰 영향을 미쳤어요.

백제 문화, '꾸안꾸'의 매력

'백제 문화는 검이불루 화이불치' 좀 이상해 보이는 이 말이 무슨 말인지 짐작할 수 있겠어요? 무슨 암호 같기도 하고 마법 주문 같아 보이지만 그런 건 아니에요. 이 말은요, '백제 문화는 검소하지만 **누추하지** 않고, 화려하지만 사치스럽지 않다'라는 뜻이랍니다. 요즘 유행하는 '꾸안꾸', 꾸민 듯 안 꾸민 듯 자연스럽다는 말이 어쩐지 떠오르는데요, 섬세하고도 **단아한** 아름다움을 보여 주는 백제 문화! 어떤 모습일까요?

오랜 세월 진흙 속에 묻혀 있다 번쩍이며 모습을 드러낸 그것은

1993년, 능산리 **고분군** 절터의 진흙 구덩이에서 높이 61.8센티미터, 무게 11.8킬로그램이나 되는 대형 **향로**가 발견됐어요. 얼마나 섬세하고 정교하게 만들어졌던지 현대 기술로도 똑같이 제작하기가 어렵다고 합니다. 왕실 제사에 사용됐을 것으로 **추정되는** 백제 금동 대향로는 맨 아래 용이 향로를 받치고 있고, 그 위로 연꽃으로 이루어진 몸체가 있어요. 몸체 뚜껑에는 산봉우리와 폭포, 시냇물이 조각돼 있고 악기를 연주하는 사람, 새, 호랑이, 상상 속 동물 등이 묘사돼 있어요. 뚜껑 맨 위에는 **봉황**이 막 날아가려

| **백제 금동 대향로** | 출처_국립부여박물관

는 듯 날개를 펼치려는 모습이 조각돼 있는데요, 봉황은 도교, 향로 맨 아래 용은 불교를 뜻하는 **상징물**이에요. 백제 금동 대향로에 조각된 신비롭고 평화로운 세상, **도교**와 불교가 함께 있는 이곳은 백제 사람들이 꿈꾸던 곳이었을지도 모릅니다.

무령왕릉은 해외 명품관?

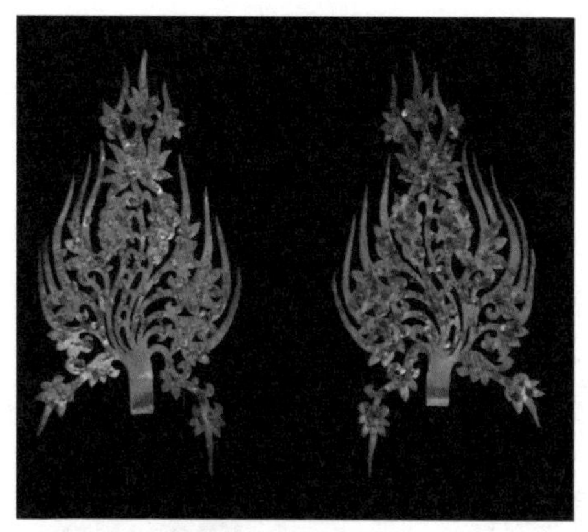

무령왕릉에서 출토된 금 관 꾸미개
출처_국립부여박물관

1971년, 송산리 고분군 배수로 공사 중에 거대한 백제 **유물**이 그 모습을 드러냈어요. 그것은 다름 아닌 왕의 무덤! 무덤의 주인공은 바로 고구려에 한강 유역을 빼앗긴 뒤 혼란스럽던 백제를 안정시킨 백제 25대 왕 **무령왕**이었어요. 무덤 안에서는 금으로 만든 왕관 및 왕비 관, 금귀고리, 금팔찌, 항아리 등 4,600여 점 정도의 백제 **유산**이 함께 나왔어요. 또 **무령왕릉**은 연꽃무늬 벽돌을 쌓아 올려 만든 중국식 **벽돌무덤**으로 중국제 도자기도 함께 나왔죠. 무령왕릉의 관은 일본에서 가져온 나무로 만들어졌으며 발견된 유리구슬의 원료 중 일부가 태국산이었다는 사실도 밝혀

무령왕릉에서 출토된 금 목걸이
출처_국립부여박물관

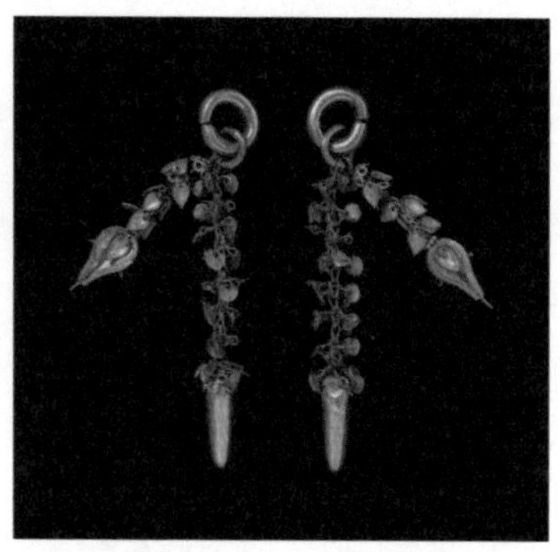

무령왕릉에서 출토된 왕비의 금 귀걸이
출처_국립부여박물관

졌어요. 당시 해외에서 좋다는 기술이며 물건은 무령왕릉에 다 있는 듯합니다. 무령왕릉에서 여러 나라의 기술을 확인할 수 있고 다양한 나라의 물품이 나왔다는 사실은 백제가 다른 나라와 활발한 **교류**를 했다는 것을 말해 줍니다. 무령왕은 중국, 일본과의 활발한 문화 교류를 통해 위기에 처한 백제를 일으키려고 한 건 아니었을까요?

| **무령왕릉에서 출토된 유리구슬** | 출처_국립부여박물관

역사 문해력 키우기

Q 여러분이 백제 사람이라면 백제 금동 대향로에 무엇을 더 새겨 넣었을 것 같아요?

| **무령왕릉 내부 사진** | 출처_국립부여박물관

역사 상식

◆ **다음 빈칸을 채우세요.**

왕실 제사에 사용된 것으로 추정되는 □□□□□□□ 는 섬세한 조각을 통해 백제 사람들이 바라는 세상을 표현했어요.

◆ **맞으면 O, 틀리면 X 하세요.**

1. 백제 금동 대향로는 용과 봉황 조각으로 백제 사람들의 불교에 대한 믿음을 표현했어요. □
2. 무령왕릉에서 중국과 일본 등 다양한 나라의 물품이 나왔어요. □
3. 무령왕릉에서 출토된 유물로 미루어 볼 때 백제는 다른 나라와 활발한 교류를 한 것으로 추정돼요. □

어휘 풀이

- **누추하다** | 제대로 갖추어지지 못하고 지저분하다
- **단아하다** | 단정하고 우아하다
- **고분군** | 여러 고분이 모여 있는 지역
- **향로** | 향을 피우기 위해 사용하는 숯불을 담아 놓는 그릇
- **추정되다** | 미루어 생각하여 판단하고 정해지다
- **봉황** | 여러 동물의 모양을 하고 있으며 복을 상징하는 상상 속의 새
- **상징물** | 추상적인 개념을 구체적으로 나타낸 물체
- **유물** | 앞선 시대에 살았던 사람들이 남긴 물건
- **유산** | 이전 세대가 물려준 것
- **교류** | 문화나 생각 등을 서로 주고받는 것

역사 지식

◆ **도교**

신선 사상을 중심으로 노장사상, 유교, 불교 등 여러 가지 종교가 합해져서 만들어진 종교를 말해요. 노장사상이란 사람의 힘을 더하지 않은 그대로의 자연을 중심으로 하는 교리예요. 도교는 삼국 시대에 중국에서 우리나라로 들어왔어요.

◆ **무령왕**

501년~523년 삼국 시대 백제를 다스린 제25대 왕이에요. 한강 부근을 고구려의 장수왕에게 뺏긴 후 혼란스러웠던 백제를 안정적으로 다스렸어요. 무령왕은 고구려에 맞서는 동시에 백성들의 삶을 두루 살피며, 백제를 다시 강한 나라로 만들기 위해 애쓴 왕이에요.

◆ **무령왕릉**

무령왕의 무덤이에요. '릉(陵)'은 주로 왕이나 왕후의 무덤을 뜻해요.

◆ **벽돌무덤**

벽돌을 쌓아서 만든 무덤이에요.

08

문화

신라 사람이 고구려 사람을 만나면 통역이 필요했을까?

서기 **6세기 중반~7세기** 뉴스 1 2 3 4 5 6 7 8 9 10

"북한말을 100퍼센트 다 알아들을 수 없어서 통역이 힘들었어요."

지난 2020년, 트럼프 미국 대통령과 김정은 북한 위원장의 싱가포르 **회담**에서 미국 측 통역을 맡은 이연향 씨는 이렇게 말했어요. 남과 북에 상당히 큰 언어적 차이가 생겼다는 사실에 놀랐다고도 했죠. 남북 사이에 통역이 필요한 미래의 어느 날이 올지도 모르겠어요. 그렇다면 각각 다른 나라들로 이루어져 있던 삼국 시대는 어땠을까요? 나라 간에 말이 통했을까요? 통역은 필요 없었을까요?

다음 두 이야기에서 우리가 추측할 수 있는 것은 무엇일까요?

신라에 **거칠부**란 사람이 살았어요. 거칠부는 세상일에 얽매이고 싶지 않아 승려가 되어 이곳저곳을 구경하며 돌아다녔어요. 그러다 문득 고구려란 나라를 살펴보고 싶단 생각에 고구려로 가 지내기 시작했어요. 어느 날 거칠부는 당시 고구려에서 유명하던 혜량 **법사**의 **불경** 강연을 듣게 됐어요. 거칠부를 본 혜량 법사는 그의 모습이 예사롭지 않다고 느끼고는 거칠부에게 "고구려 사람들이 당신을 잡을지도 모르오. 서둘러 신라로 돌아가시오"라고 말해줬대요.

또 다른 이야기가 있어요. 백제의 침략으로 어려움에 빠진 신라가 도움을 요청하기 위해 **김춘추**를 고구려로 보냈을 때의 일이에요. 김춘추는 당시 고구려 **실세** 연개소문을 만나 도와 달라고 부탁했는데, 그때 고구려 왕은 신라가 이전에 빼앗은 옛 고구려 땅을 되돌려주면 도와주겠다고 말해요. 김춘추가 거절의 뜻을 표시하자, 왕은 김춘추를 감옥에 가두어 버려요. 감옥에서 빠져나오기 위해 김춘추는 고구려 신하에게 뇌물을 주는데요, 이때 고구려 신하는 김춘추에게 <토끼의 간> 이야기를 넌지시 들려줍니다. 여기서 힌트를 얻은 김춘추는 고구려가 원하는 것을 신라 왕에게 요청한 후 다시 돌아오겠다고 말하며 감옥을 빠져나와요.

나라는 달라도 비슷한 말을 썼던 삼국 시대

첫 번째 이야기 속 거칠부는 고구려인 혜량과 어떻게 이야기를 나누고 불경 설명을 들을 수 있었을까요? 두 번째 이야기에서 김춘추는 고구려 사람들과 어떻게 자유롭게 대화를 나눌 수 있었을까요? 신라와 고구려가 전혀 다른 언어를 쓰고 있었다면, 이는 불가능한 일이었을 거예요.

중국 양나라 역사책인 《양서》에는 '백제의 언어와 복장은 고구려와 같다'라고 쓰여 있어요. 또 《삼국사기》에 쓰인 고구려 어휘 중에서 신라 어휘와 같거나 비슷한 어휘들도 발견할 수 있었어요. 세 나라의 언어가 완전히 같았다고 **확신할** 순 없지만, 역사 속 이야기들과 기록을 통해 세 나라 사이 의사소통에는 큰 문제가 없었을 것이라 짐작할 수 있어요.

역사 문해력 키우기

Q 각각 다른 나라였던 고구려, 백제, 신라의 언어는 어떻게 해서 비슷해졌을까요?

역사 상식

◆ **다음 빈칸을 채우세요.**

위기에 처한 신라는 도움을 요청하기 위해 [ ][ ][ ] 를 고구려로 보냈어요.

◆ **맞으면 O, 틀리면 X 하세요.**

1. 거칠부는 고구려 불경 강연을 들을 수 있을 만큼 외국어에 능숙했어요. [ ]
2. 김춘추는 고구려 신하와 의사소통에 어려움이 없었어요. [ ]
3. 삼국 시대 세 나라의 언어는 완벽하게 같았어요. [ ]

어휘 풀이

- **회담** | 어떤 문제를 가지고 거기에 관련된 사람들이 모여서 토의하는 것
- **법사** | 불교의 가르침을 풀어 설명하는 승려
- **불경** | 불교의 원리와 가르침을 적어 놓은 책
- **실세** | 실제 세력을 가진 사람
- **확신하다** | 굳게 믿다

역사 지식

◆ **거칠부**

삼국 시대 신라의 학자이자 장군이에요. 왕족의 후손으로 태어났지만 어린 나이에 승려가 되었어요. 고구려 혜량 법사의 불법 강연을 들은 후 신라로 돌아와 545년 진흥왕 때 신라의 역사책《국사(國史)》를 만들었어요. 551년에는 장군으로서, 고구려를 치고 공을 세웠어요.

◆ **김춘추**

삼국 시대 신라의 제29대 왕인 태종무열왕(654년~661년)의 이름이에요. 무열왕 김춘추는 최초의 진골 출신 왕으로, 당나라와 외교 관계를 맺어 삼국 통일의 기반을 마련했고, 왕권 강화에 힘을 쏟았어요.

한국 대기업과 만난 신라의 미소 이야기

이 기와에 담긴 얼굴을 유심히 살펴보세요. 살포시 뜬 초승달 눈, 오뚝한 코, 수줍은 듯 미소 짓는 도톰한 입술. 이 얼굴, 어딘가 낯이 익지 않나요? 이 얼굴은 우리나라의 대표 전자 회사, LG 전자의 로고로 쓰였어요. LG 전자는 로고를 만들기 위해 브랜드 개발 전문 업체인 미국 랜도사에 로고를 의뢰했는데요, 당시 랜도사 디자이너들은 얼굴 무늬 수막새의 매력적인 표정에서 영감을 얻어 지금의 LG 로고를 만들었답니다.

얼굴 무늬 수막새 | 출처_국가유산청
온화한 표정을 짓고 있어요.

| LG 전자 로고

보기만 해도 포근해져라! 신라의 미소, 얼굴 무늬 수막새

일제 강점기였던 1932년, 경주 사정동 영묘사 터에서 신라 7세기 때 만든 것으로 **추정되는** 독특한 모양의 기와가 **출토되었어요**. 대부분의 신라 기와는 연꽃으로 꾸며져 있는데, 이 기와에는 온화한 표정의 여인 얼굴이 새겨져 있었거든

| **백제의 수막새** | 출처_한성백제박물관

요. 얼굴 무늬가 그려진 이 기와를 얼굴 무늬 수막새라고 부르는데요, **수막새**란 기왓등 끝에 붙인 기와를 뜻해요. 미소 짓느라 볼록해진 오른쪽 광대뼈와 쑥스러운 듯 살포시 올라간 입꼬리 덕분에 '신라의 미소'라는 별명도 얻게 됐어요. 한없이 다정해 보이지만, **위엄**은 잃지 않은 얼굴 무늬 수막새! 아직은 얼굴 무늬 수막새와 같은 문양의 다른 기와는 한 점도 발견되지 않았다고 합니다.

신라의 연꽃 무늬 수막새
출처_국립중앙박물관

귀면문 수막새 | 출처_국립중앙박물관
도깨비와 같이 무서운 얼굴을 새겨 넣었어요.

미소 띤 얼굴 무늬 기와를 왜 만들었을까?

옛날 사람들은 하늘과 닿아 있는 기와를 다양한 **문양**으로 꾸몄어요. 복을 바라고 나쁜 일은 피하고 싶은 마음을 담아서 말이죠. 나쁜 기운을 막아 내기 위해 도깨비와 같이 무시무시한 얼굴을 새겨 넣기도 했어요. 재앙이 닥쳐도 도깨비와 같이 눈을 부릅뜨고 있는 험상궂은 얼굴을 보면 달아날 수 있도록요. 그런데 얼굴 무늬 수막새는 어떤가요? 인자하고 너그러우나 위엄 있는 미소를 띠고 있어요. 나쁜 기운을 위협해서 쫓아내려는 뜻보다 오히려 따뜻하게 맞이함으로써 서로 해치지 말자는 뜻을 전달했던 것입니다.

일제 강점기에 **발굴된** 얼굴 무늬 수막새는 한국을 떠나, 일본에 있다가 30년 만에 한국 품으로 다시 돌아왔어요. 1934년에 경주에서 일하던 한 일본인 의사가 얼굴 무늬 수막새를 구입해 1940년에 일본으로 가져갔다가 1972년에 한국에 **기증했는데요**, 그는 "깊은 감명을 주는 기와를 만든 사람의 정성을 생각해 한국에 돌려주어야겠다고 생각했다"라고 말했어요. 얼굴 무늬 수막새는 오랜 여행을 떠났다가 이제 우리 곁으로 돌아왔어요. 얼굴 무늬 수막새는 2018년에 기와로는 처음으로 보물로 **지정되었답니다.**

역사 문해력 키우기

Q 여러분이 신라 사람이었다면 수막새에 뭘 그렸을 것 같아요?

역사 상식

◆ **다음 빈칸을 채우세요.**

따뜻한 미소를 머금은 □□ □□ □□□ 는 기와로는 처음으로 보물로 지정됐어요.

◆ **맞으면 O, 틀리면 X 하세요.**

1. 신라의 기와는 대부분 연꽃으로 꾸며져 있어요. □
2. 옛날 사람들은 나쁜 일을 피하고 싶어서 기와에 무서운 얼굴을 새겨 넣었어요. □
3. 얼굴 무늬 수막새는 지금 일본에 보관돼 있어요. □

어휘 풀이

- **추정되다** | 미루어 생각하여 판단하고 정해지다
- **출토되다** | 땅속에 묻혀 있던 오래된 물건이 밖으로 나오게 되거나 파내어지다
- **위엄** | 존경할 만한 점이 있어서 느껴지는 무거운 분위기
- **문양** | 물건을 장식하기 위해 겉에 그리거나 새겨 넣은 무늬
- **발굴되다** | 땅속에 묻혀 있던 것이 찾아져 파내지다
- **기증하다** | 남을 위해 자신의 물건이나 재산 등을 대가 없이 주다
- **지정되다** | 특별한 자격이나 가치가 있는 것으로 정해지다

역사 지식

◆ **수막새**

기왓등 끝에 붙인 기와를 뜻해요. 삼국 시대에는 연꽃무늬나 도깨비의 얼굴을 새긴 수막새를 많이 만들었어요.

한국 패션 힙한 건 삼국 시대부터 그랬지

일본 10대 여성 4명 중 3명이 한국 패션을 따라 한다는 사실을 아시나요? 일본 여성이 가장 많은 관심을 보이는 나라의 패션이 한국이라는 2024년 설문조사 결과가 있었어요. 힙하고 쿨해서 인기 있다는 K-패션! 그런데 K-패션이 유명한 건 삼국 시대부터 그랬답니다! 중국 **사서**에 '고구려인들은 깨끗함을 좋아한다', '**변진** 사람들은 머리카락이 아름답고 의복이 깨끗하다', '백제 사람들은 키가 크고 깨끗하다'와 같이 기록돼 있거든요.

물방울무늬는 고대에도 있었어요

삼국 시대부터 상의로 저고리, 하의로는 바지나 치마를 입었어요. 당시 저고리는 엉덩이를 덮을 정도의 길이였고 허리를 띠로 묶어 입었어요. 바지는 남녀가 모두 입었지만, 여성들은 점차 치마만을 입기 시작했어요. 고대에는 옷의 깃이나 소매 가장자리에 다른 색의 천을 둘렀는데요, 거기에 여러 장식을 그려 넣어 꾸몄어요. 옷감에 물방울무늬를 그려 넣어 멋과

무용총 고분 벽화 | 출처_국가유산청
물방울무늬 옷을 입고 춤추는 무용수들이에요.

안악 3호분 고분 벽화 | 출처_한성백제박물관
소매 가장자리에 다른 색의 천을 두르거나, 여러 장식을 넣은 화려한 비단옷을 입고 있는 여주인 모습이에요.

개성을 표현하기도 했지요. 그러나 고대 사회에서는 모두가 다 무늬가 들어간 옷을 입진 못했어요. 계급이 높은 사람들만 화려한 비단옷을 입었고, 일반 백성들은 주로 흰옷을 즐겨 입었어요. 또 귀족들은 가죽신을 신었지만, 하층민들은 맨발로 다니거나 풀이나 나무로 만든 신발을 신었을 것으로 **추정해요**.

삼국 시대 패션 피플, 누구였을까요?

신분이 높은 사람들이었어요. 신분이 높은 사람일수록 깃과 소매의 폭이 넓었고 거기에 다양한 무늬를 그려 넣었대요. 화려한 색의 **두루마기**를 입기도 했고요. 신라에서는 **관복**의 색을 달리해 **관직**의 등급을 나타내기도 했어요. 신라 말기에는 급기야 해외 명품만 좋아하고, 국산은 수준이 낮다며 무시하는 사회적 분위기가 **조성됐대요**. 인도산 공작 꼬리, 캄보디아산 비취 모(물총새의 털)로 만든 허리띠, 페르시아산 에메랄드를 박아 넣은 머리빗 등이 인기를 끌었다는데요, 이에 흥덕왕은 **사치 풍조**를 **한탄**

통일 신라 시대의 장식용 머리빗 | 출처_리움미술관

수산리 고분 벽화 행렬도 모사도 | 출처_국가유산청
고대 남녀와 신분에 따른 의상 차이를 볼 수 있어요.

하며 834년에 **사치 금지령**을 내려요. 그러나 흥덕왕의 사치 금지령은 **진골** 보다는 **6두품**에, 6두품보다는 5두품에, 5두품보다 4두품과 평민에게 더 많은 제한을 두었어요. 옷을 지을 때도 진골은 부드러운 **베**를 사용할 수 있었지만 평민들은 거친 베만을 쓰라는 식으로 말이죠. 흥덕왕의 **교서**는 신분이 낮은 사람에게 더 엄격한 잣대를 두었는데요, 이로써 사치는 막지 못하고 신분제만 더 **강화하고** 말았어요.

역사 문해력 키우기

Q 삼국 시대 사람들의 옷을 남자와 여자, 신분의 차이로 나누어 설명해 보세요.

역사 상식

◆ **다음 빈칸을 채우세요.**

신라 말기에 사치품이 큰 인기를 끌자, 흥덕왕은 834년에 [ ][ ] [ ][ ][ ]을 내려요.

◆ **맞으면 O, 틀리면 X 하세요.**

1. 삼국 시대에 바지는 남자만 입었어요. [ ]
2. 삼국 시대에는 사람들이 신분과 관계없이 옷에 다양한 무늬를 많이 넣었어요. [ ]
3. 신라에는 옷 색깔을 달리해 관직의 지위를 나타냈어요. [ ]

어휘 풀이

- **사서** | 역사적 사실을 기록한 책
- **추정하다** | 미루어 생각하여 판단하고 정하다
- **두루마기** | 옷자락이 기다랗게 내려오며 주로 외출할 때 입는 한복
- **관복** | 관리가 일할 때 입던 옷
- **관직** | 관리가 책임지고 맡아서 하는 일이나 그 일에 따른 위치
- **조성되다** | 분위기나 흐름 등이 만들어지다
- **사치 풍조** | 필요 이상으로 많은 돈이나 비싼 물건을 사용하는 시대의 생활 모습
- **한탄하다** | 좋지 않은 일이 있을 때 크게 한숨을 쉬다
- **베** | 바람이 잘 통해서 여름옷이나 여름 이불 등을 만드는 데 쓰는 누런 천
- **교서** | 왕이 공식적으로 명령을 내리기 위한 문서
- **강화하다** | 힘을 더 강하게 하다

역사 지식

◆ 변진

삼국 시대(고구려·백제·신라) 이전에 존재한 삼한(마한·변한·진한) 중 하나예요. 변한은 '변진'이라고도 불려요.

◆ 흥덕왕 사치 금지령

834년에 흥덕왕은 벼슬마다 옷의 규정을 정하고 관리들이 그것을 따르도록 했어요. 사치 금지령이라고 했지만, 골품 사이의 계급을 확실히 구별하기 위해서였어요.

◆ 진골

신라 시대 신분제인 골품제 중에서 두 번째로 높은 등급이에요.

◆ 6두품

신라 시대 신분제인 골품제 중에서 세 번째로 높은 등급이에요. 두품 중에서는 가장 높지만, 성골이나 진골과 달리 높은 관직에 오르지 못하며 차별을 받았어요.

사회

11 신라의 가을밤 놀이에서 벌어진 일
12 고구려 때도 결혼할 때 돈이 많이 들었을까?
13 고구려 최고 대학은 바로 이곳
14 세상에서 가장 무서운 풍습, 순장 이야기
15 백제 사람들도 SNS를 했을까?
16 꽃비가 내리던 그날, 신라에 불교가 찾아오다
17 바보 온달은 정말 바보였을까?
18 신라 사회를 휩쓴 아이돌의 정체
19 선화 공주 스캔들, 진실 혹은 거짓
20 가짜 뉴스, 삼국 시대에도 판쳤다

신라의 가을밤 놀이에서 벌어진 일

지금으로부터 2,000여 년 전, 신라 3대 임금 유리왕은 음력 7월 16일부터 8월 15일까지 특별한 대회를 열었대요. 이 대회가 지금의 추석으로 이어졌다는데요, 무슨 대회였길래 추석의 **유래**가 되었을까요?

가을밤에 열린 대회는 무엇이었을까?

먼저 유리왕은 **도성**을 두 편으로 나누었어요. 유리왕에게는 딸이 둘 있었는데요, 임금의 딸들이 각 편에 속한 여자들을 거느리며 7월 16일부터 길쌈을 했어요. 길쌈은 실을 내어 옷감을 짜는 일을 말해요. 여자들은 새벽부터 밤 늦게까지 길쌈을 했어요. 대회는 최종적으로 8월 15일에 끝났는데요, 이때 어느 편이 더 많이 옷감을 짰는지 임금이 **판정했어요**. 진 편은 이긴 편에게 술과 밥을 대접해야 했어요. 이때 노래도 부르고 춤도 추며 즐겼는데, 이것을 **가배**라고 불렀어요.

조선 시대 김홍도의 길쌈 | 출처_국립중앙박물관
아래 여성은 실을 내어 옷감을 짜는 '길쌈'을 하고 있고 위쪽 여성은 실이 엉키지 않게 풀을 바르고 숯불로 말리고 있어요.

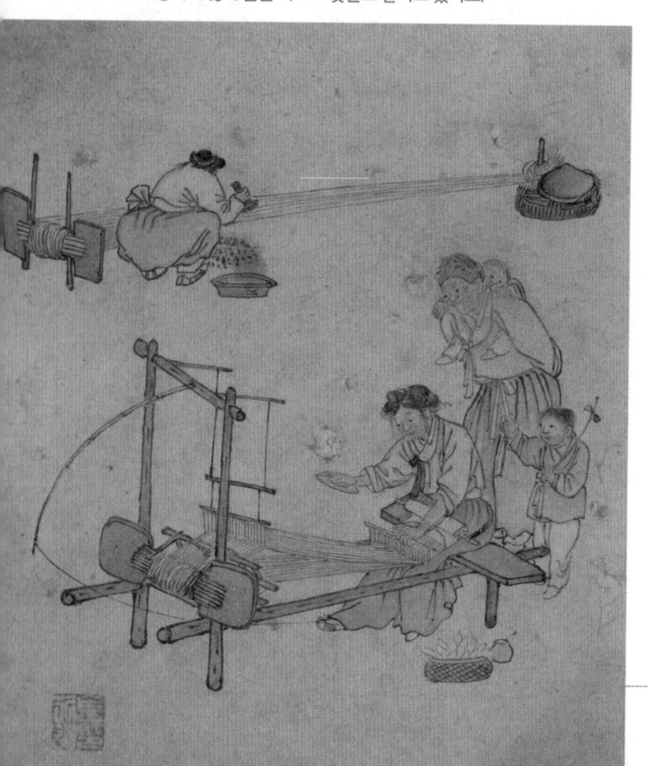

길쌈이 끝난 뒤, 노래를 부르고 춤을 추던 8월 15일의 이 행사는 오늘날까지 이어지고 있어요. 신라의 가배가 지금의 한가위, 즉 추석으로 이어졌거든요. 비록 지금은 옷감을 짜거나 노래를 부르며 춤을 추지는 않지만, 가을 달빛이 가장 좋은 밤, 추석에 온 가족이 모여 맛있는 음식을 먹으며 즐겁게 시간을 보내니 신라의 가배와 같은 것 아니겠어요?

그런데 하고많은 게임 중에 왜 하필 옷감 짜기 대회였을까요?

길쌈 대회는 겨울을 따뜻하게 보낼 옷을 마련하기 위해 열렸을 거라 짐작돼요. 한곳에 **정착해** 살았던 농경 사회에서는 그곳의 계절과 기후에 적응해야만 했고, 그러려면 곧 다가올 겨울을 견딜 따뜻한 옷이 필요했거든요.

《삼국사기》에는 한가위에 대해 8월 15일 길쌈의 **성과**에 따라, 진 편이 술과 음식을 준비해 이긴 쪽에게 대접하고 춤과 노래, 놀이를 즐겼다고 쓰여 있어요. 중국의 역사서에도 한가위에 '임금이 **풍악**을 울리며 활쏘기 대회를 열었다', '**성대한** 잔치를 열었다'와 같이 기록돼 있어, 한가위는 신라에서부터 쭉 이어진 우리의 대표 명절이었음을 알 수 있어요.

역사 문해력 키우기

Q 신라에서는 왜 길쌈 대회를 열었어요?

역사 상식

◆ **다음 빈칸을 채우세요.**

신라 유리왕 때 길쌈이 끝난 뒤 노래를 부르고 춤을 췄던 [|] 는 지금의 추석으로 이어졌어요.

◆ **맞으면 O, 틀리면 X 하세요.**

1. 유리왕은 두 편으로 나누어 옷감 짜기 대회를 열었어요. [ ]
2. 가배 대회는 옷을 만들어 누가 많이 파는지에 따라 성과가 갈렸어요. [ ]
3. 길쌈 후에 진 팀은 이긴 팀에게 술과 밥을 대접했어요. [ ]

어휘 풀이

- **유래** | 어떤 일이 생겨난 과정이나 까닭
- **도성** | 성으로 이루어진 한 나라의 수도
- **판정하다** | 옳고 그름이나 좋고 나쁨을 판단하여 결정하다
- **정착하다** | 일정한 곳에 자리를 잡아 머물러 살다
- **성과** | 어떤 일을 이루어 낸 결과
- **풍악** | 옛날부터 전해 오는 한국 고유의 음악
- **성대하다** | 행사의 규모가 매우 크고 훌륭하다

역사 지식

◆ **가배**

음력 8월 15일인 추석을 의미하는 옛말이에요. 한가위, 가위, 중추절 등 다양한 이름으로 불려요. 우리 민족이 삼국 시대 초기부터 즐겨 온 역사가 깊은 명절이에요.

고구려 때도 결혼할 때 돈이 많이 들었을까?

서기 3세기 말~7세기 뉴스 1 2 3 4 5 6 7 8 9 10

2024년, 한국에서는 결혼을 안 하겠다는 청년들의 수가 점점 더 늘고 있어요. 실제로 결혼하는 사람 수가 10년 전보다 40퍼센트나 줄었는데요, 가장 큰 이유는 결혼할 때 돈이 너무 많이 들기 때문이라고 해요. **고대** 사회에서 결혼은 어땠을까요? 그때도 결혼 비용 때문에 결혼을 안 하려는 사람들이 많았을까요?

결혼할 때 비싼 물건이 오고 가는 건 부끄러운 일!

고구려의 결혼은 **수수하고** 검소했어요. 역사 기록에 따르면, 고구려에서는 결혼할 때 남자 집에서 돼지고기와 술을 보내는 것이 전부였고, **재물** 없이 결혼하는 것이 예의라고 쓰여 있어요. 고구려에서는 남자 집으로부터 재물을 받으면 딸을 **노비**로 파는 것 같다고 생각해 부끄럽게 생각했거든요. 또 고구려에는 결혼할 때 죽고 나서 입는 옷인 **수의**를 미리 만들어 두는 **풍습**이 있었어요. 결혼한 다음부터는 죽는 날까지 함께하겠다는 뜻으로 말이죠.

결혼하고 싶다면 아내의 집으로 가세요!

또한 고구려에는 결혼하면 남자가 여자 집에서 일정 기간 살아야 하는 제도가 있었어요. 먼저 "결혼합시다"라고 말로 결혼을 약속한 후에 여자 집 뒤편에 집을 한 채 지었어요. 집이 다 지어지면, 남자가 여자 집에 들어가서 살았는데요, 이때도 지켜야 하는 **절차**가 있었어요. 저녁 무렵 신랑이 신부 집 문밖에서 자기 이름을 말하고 절하면서 신부 집에서 머물게 해 달라고 두세 번 부탁했대요. 신부 부모가 허락하면 남자는 그제야 여자 집에 가서 잘 수 있었어요. 그날부터 남자는 아내 집에서 일해 주며 살기 시작했어요. 그렇다고 아내 집에서 계속 사는 것은 아니었고, 부부가 아이를 낳고 아이가 어른이 될 때까지 살았어요. 부부가 사는 집을 '서옥'이라고 불렀기 때문에 이 같은 고구려 결혼 제도를 '**서옥제**'라고 말해요.

남편이 아내의 집에서 일정 기간 일해 주며 살았던 것은 당시 고구려가 한 사람 한 사람의 **노동력**이 무엇보다 중요했던 사회였기 때문이었어요. 아내의 집에서 일정 기간 열심히 일해 주는 남편, 자식을 결혼시킬 때 재물을 받지 않는 부모, 이것들을 미루어 볼 때 고구려의 결혼 제도는 따뜻하고 수수했던 것으로 짐작됩니다.

역사 문해력 키우기

Q 고구려의 결혼 제도에 대해서 가족들에게 설명해 보세요.

고구려 덕흥리 고분 견우와 직녀 | 출처_국가유산청
소를 끌고 가는 견우와 뒤따라가는 직녀가 은하수를 사이에 두고 서로 떨어져 있는 장면을 표현한 고구려 덕흥리 고분 벽화예요.

역사 상식

◆ **다음 빈칸을 채우세요.**

고구려 결혼 제도로, 아내 집 뒤에 작은 집을 짓고 이곳에서 일정 기간 동안 남편을 머물게 하는 것을 [| |] 라고 불러요.

◆ **맞으면 O, 틀리면 X 하세요.**

1. 고구려에서는 재물 없이 결혼하는 것을 부끄럽게 생각했어요. [ ]
2. 고구려에서는 결혼할 때 남자가 집을 지어야 했어요. [ ]
3. 고구려에서는 부부가 아이를 낳고 아이가 어른이 될 때까지 부인 집에서 살아야 했어요. [ ]

어휘 풀이

- **고대** | 원시 시대와 중세 사이의 시대. 고조선 때부터 통일 신라 시대까지를 뜻함
- **수수하다** | 돋보이거나 화려하지 않고 평범하다
- **재물** | 돈이나 값나가는 모든 물건
- **노비** | 옛날에 남의 집에서 대대로 하찮은 일을 하는 신분에 속한 사람
- **수의** | 죽은 사람에게 입히는 옷
- **풍습** | 당시의 유행과 습관
- **절차** | 일을 해 나갈 때 거치는 순서나 방법
- **노동력** | 일하는 데 쓰이는 사람의 능력

역사 지식

◆ **서옥제**

고구려의 전통적인 결혼 풍습이에요. 신부 집 뒤에 작은 집을 지은 후, 그곳에 신랑이 살면서 신부 집에 노동력을 제공했어요. 남자가 결혼하는 것을 '장가간다'고 표현하는 말이 서옥제에서 유래했다고 보는 입장도 있어요.

고구려 최고 대학은 바로 이곳

세계 대학 평가 결과, 2025년 세계 대학 순위 100위 안에 한국의 상위권 대학이 5곳이나 포함됐대요. 각 나라에 높은 수준의 대학이 얼마나 많은지는 그 나라 교육의 질을 보여 주는데요, 고대에는 어땠을까요? 그때도 교육을 위해 애썼을까요? 좋은 학교가 있었을까요?

똑똑해지고 싶은 사람, 여기 여기 다 모여라!

한국의 최초 국립 교육기관은 지금으로부터 1,600여 년 전 고구려 소수림왕 2년(372년)에 만들어진 **태학**이라는 곳이에요. 태학은 지금의 대학과 비슷한 곳으로, 귀족의 아들에게 공부를 가르쳤어요. 태학에서는 **유학**을 주로 교육했지만, **군사학**을 가르치며 군사 훈련도 했어요. 고구려는 전쟁을 수없이 치렀던 나라였으므로 학문뿐만 아니라, **무술**까지 두루 갖춘 인물이 필요했죠.

그 옛날에 대학은 왜 필요했을까?

소수림왕이 태학을 세운 배경을 알기 위해서는 소수림왕의 아버지인 고국원왕 때로 거슬러 올라가야 해요. 고구려는 고국원왕 때 큰 위기에 처했어요. 그때 중국의 전연이라는 나라가 고구려로 쳐들어와서 5만여 명의 고구려인들을 잡아갔거든요. 이뿐만이 아니에요. 전연은 고국원왕의 어머니와 왕비마저 잡아갔고, 심지어 고국원왕의 아버지인 미천왕의 무덤까지 파서 시신을 싣고 가 버렸죠. 엎친 데 덮친 격으로 당시 남쪽에서는 백제가 고구려를 넘보기 시작했어요. 고국원왕은 이를 막기 위해 백제를 공격했지만, 백제군의 화살에 맞아 그만 **전사하고** 맙니다. 고구려는 큰 충격과 슬픔에 빠졌어요. 그렇게 혼란한 상황에서 고국원왕의 아들, 소수림왕이 왕위에 오르게 됩니다.

소수림왕은 매우 현명했어요. 어수선한 분위기 속에서도 우왕좌왕하지 않고 **제도**를 새롭게 고쳐 나가면서 고구려를 안정시켰거든요. 먼저 불교를 나라의 종교로 받아들이고 태학을 만들었고요, 그다음 해에는 나라를 다스리는 법인 **율령**을 세상에 널리 알렸어요. 고구려는 나라를 안정시키기 위해 **중앙 집권적 지배 체제**를 **강화해야** 했는데, 이를 위해선 율령을 바탕으로 사람들을 다스려야 했어요. 그러려면 제도를 담당할 수 있는 관리들과 이들을 교육할 학교가 필요했겠죠. 태학은 바로 이러한 사회적 배경을 바탕으로 설립되었답니다.

고구려 교육기관으로는 나라에서 세운 태학만 있었던 것은 아니에요. **평민층**을 대상으로 하는 교육기관인 **경당**도 있었어요. 경당에서는 주로 유교 **경전**을 읽고 글을 외웠으며, 활쏘기를 익히기도 했다고 해요.

역사 문해력 키우기

Q 고구려 태학이 생겨난 까닭이 뭐예요? 태학에선 뭘 배웠어요? 왜요?

역사 상식

◆ **다음 빈칸을 채우세요.**

한국 역사상 최초의 국립 교육기관은 [ ][ ] 이다.

◆ **맞으면 O, 틀리면 X 하세요.**

1. 태학에서는 무술을 주로 가르쳤어요. [ ]
2. 태학은 나라 관리가 될 사람들을 키우기 위한 교육기관이었어요. [ ]
3. 고구려의 교육기관은 태학만 있었어요. [ ]

어휘 풀이

- **군사학** | 군대, 전쟁 등 군의 일과 관련된 이론을 연구하는 학문
- **무술** | 몸을 움직이거나 무기를 사용해 상대를 공격하거나 상대의 공격을 막는 기술
- **전사하다** | 전쟁터에서 싸우다 죽다
- **제도** | 도덕, 법 등 사회에서 따라야 할 것
- **중앙 집권적** | 나라를 다스리는 권력이 지방에 흩어져 있지 않고 중앙 정부에 집중된
- **지배 체제** | 나라나 사회를 다스리는 전체적인 틀
- **강화하다** | 힘을 더 강하게 하다
- **평민층** | 벼슬이 없는 평범한 백성으로 이루어진 사회 계급
- **경전** | 유학에 뛰어난 학자들이 쓴 글

역사 지식

◆ **태학**

한국 역사상 최초의 학교예요. 고구려 제17대 왕 소수림왕이 중앙에 설치한 국립 학교로, 높은 계급의 자식만 입학할 수 있는 귀족 학교였어요.

◆ **유학**

중국의 학자 공자와 그 제자들의 가르침을 연구하는 학문이에요. 삼국 시대부터 학생들에게 유학의 경전을 가르쳤어요.

◆ **율령**

나라를 다스리기 위한 법이에요. 나라의 힘을 강하게 만들고 사회의 질서가 유지되기 위해서는 율령을 만들어 널리 알려야 해요.

◆ **경당**

고구려의 사설 교육기관으로, 태학과 달리 지방에도 설치되었어요. 낮은 계급의 자식도 입학해서 공부할 수 있었어요.

세상에서 가장 무서운 풍습, 순장 이야기

윗사람이 죽었다고 나도 같이 무덤 속에 묻혀야 한다면? 상상만 해도 등골이 오싹해집니다. 그런데 이건 누가 재미로 지어낸 무서운 이야기가 아니에요. 고대에 실제로 있었던 순장 풍습에 관한 이야기예요.

순장된 남성의 유골 | 출처_신라문화유산연구원
신라의 귀족 무덤에서 귀족 여성과 함께 순장된 남성의 유골이 2015년 경주 황남동에서 출토되었어요. 여성은 30대, 남성은 20대인 것으로 추정해요.

무시무시한 순장 제도, 어디에서 왔을까?

순장은 신분이 높은 사람이 죽었을 때 살아 있는 사람과 함께 무덤에 묻는 장례 **풍습**을 말해요. 고대 사람들은 사람이 죽어도 영혼은 그대로 살아간다고 믿었어요. 비록 살아 있는 사람들의 눈에는 보이지 않지만, 죽기 전과 똑같은 신분으로 생활한다고 생각한 거예요. 그래서 신분이 높았던 사람에게는 죽어서도 자신을 보살필 신하, 시녀, 노비가 필요했고 이에 따라 순장 풍습이 생겨났지요.

순장 풍습은 동아시아 고대 역사에서 자주 등장하는데요, 우리나라에서는 고조선에서부터 순장을 시작했고, 부여와 가야, 신라에서도 순장 풍습이 있었던 것으로 전해져요. 역사 기록에 따르면 '부여에서는 귀한 사람이 죽으면, 사람을 죽여 순장했는데, 그 수가 많을 때는 100명에 이르렀다'라고 쓰여 있어요. 《삼국사기》에도 신라는 왕이 죽으면 남녀 각 5명씩을 죽여서 순장했다는 기록이 남아 있어요.

지증왕, "순장을 금지하라!"

고대 순장 풍습은 신라 지증왕이 502년에 순장을 금지하면서 사라졌어요. 지증왕은 불교를 널리 알리고자 했는데요, 불교에서는 사람이 죽은 후에는 죽기 전에 살았던 삶과는 전혀 다른 모습으로 새롭게 태어난다고 믿었

신라 고분에서 발견된 흙 인형 | 출처_국가유산청

고구려 안악 3호 고분 벽화의 모사도 | 출처_한성백제박물관
당시 사람들의 생활 모습이 그려져 있어요.

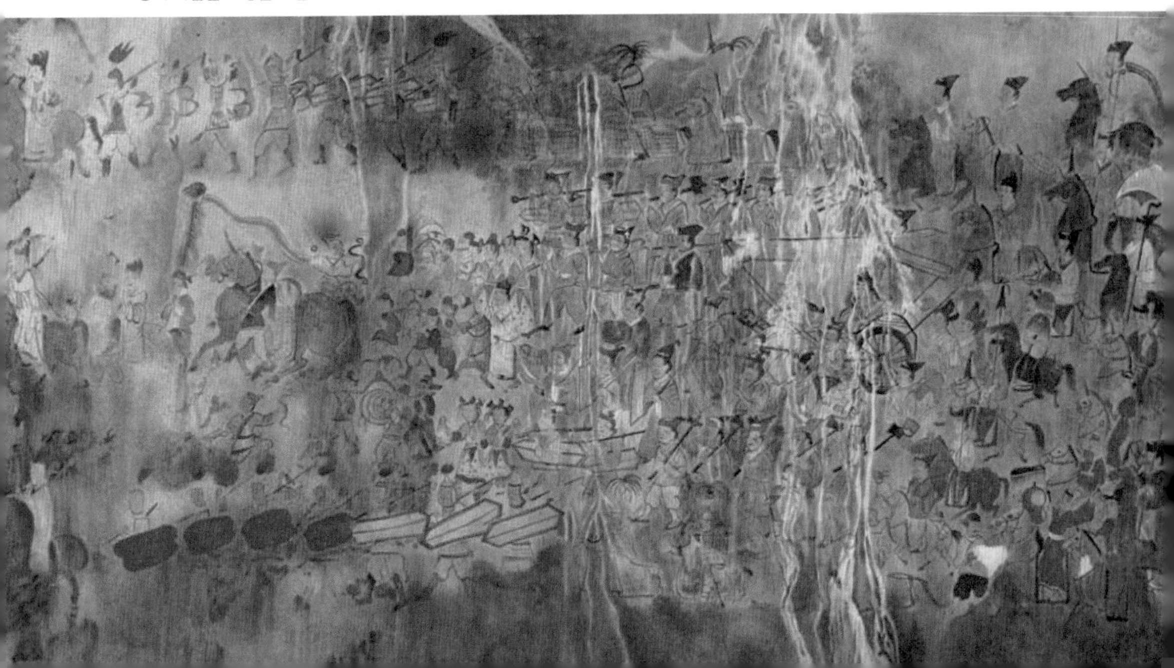

어요. 거기에다 불교는 **살생**을 금지하는 종교이기 때문에 불교에서 순장은 해서는 안 될 일이었던 거죠. 나라 차원에서 순장이 금지되자, 순장을 대체하는 문화가 나타났어요. 그것은 바로 사람 대신 흙으로 빚은 인형을 무덤에 넣어 주는 것이었어요. 실제로 6세기 이후 신라 **고분**에서 흙 인형이 발견되었죠. 고구려에서는 흙 인형 대신 무덤 속에 벽화를 그려 넣었어요. 고구려 무덤 벽화에는 죽은 사람이 있는 관을 중심으로 그 주위에 당시 사람들의 생활 모습이 다채롭게 그려져 있어요.

역사 문해력 키우기

Q 여러분이 삼국 시대에 지위가 높은 사람이었다면, 무덤에 어떤 흙 인형을 넣거나 벽화를 그려 넣었을 것 같아요?

역사 상식

◆ 다음 빈칸을 채우세요.

☐☐ 은 고대에 신분이 높은 사람이 죽었을 때 살아 있는 사람과 함께 무덤에 묻는 장례 풍습을 말해요.

◆ 맞으면 O, 틀리면 X 하세요.

1. 고대 사람들은 사람이 죽으면 영혼도 죽는다고 생각했어요. ☐
2. 우리나라는 삼국 시대에 순장이 시작됐어요. ☐
3. 순장이 금지되면서 사람 대신 인형을 넣었어요. ☐

어휘 풀이

- **풍습** | 당시의 유행과 습관
- **살생** | 목숨을 가진 생물을 죽임
- **고분** | 고대에 만들어진 무덤으로 역사적 또는 고고학적 자료가 될 수 있는 분묘(흙을 쌓아놓은 묘)

역사 지식

◆ 순장

과거에 왕이나 귀족 같은 권력 있는 사람이 죽어 무덤에 묻힐 때, 그 사람을 따르던 사람들을 함께 묻은 장례 풍습이에요. 우리나라 역사뿐만 아니라 세계사에서도 많이 찾아볼 수 있어요.

백제 사람들도 SNS를 했을까?

2024년을 살아가는 사람들은 SNS에 기록을 남겨요. 오늘 먹은 음식, 만난 사람들 그리고 친구들과 SNS를 통해 대화를 나누죠. 백제 사람들도 오늘날의 사람들처럼 자신의 생활을 기록으로 남겼다는데요, 백제 사람들의 SNS는 무엇이었을까요?

나뭇조각에 남긴 삶의 기록

종이가 사용되기 전, 백제 사람들은 나뭇조각에 삶의 기록을 남겼

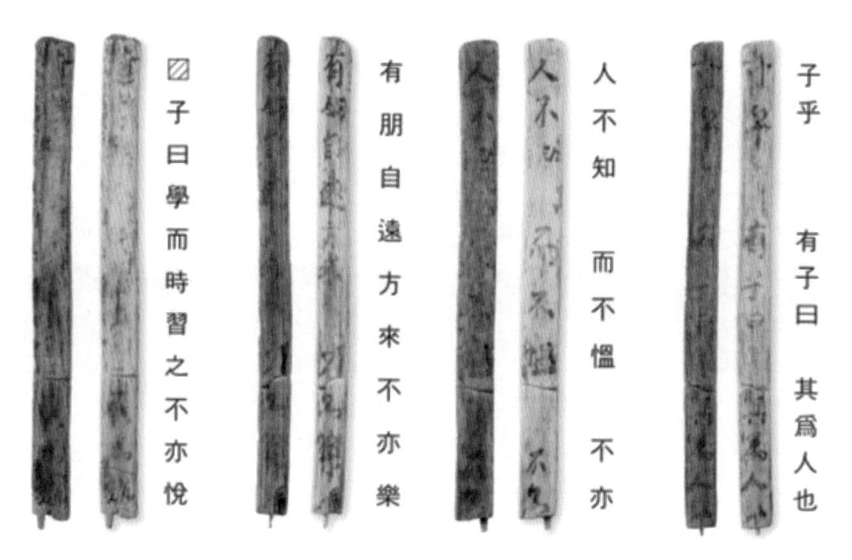

목간 판독 이미지 | 출처_국립부여박물관
백제 사람들이 실제 사용했던 목간과 판독을 위해 적외선으로 촬영한 이미지와 글씨예요.

어요. 글을 적은 나뭇조각을 **목간**이라고 하는데요, 목간은 당시 구하기도 쉽고 가벼워 백제 사람들의 **주요** 기록 수단이었죠. 지금의 카톡이나 SNS처럼요! 현재까지 **발굴된** 목간은 총 700여 점. 그중 100여 점이 백제 목간이에요. 한국의 목간은 중국처럼 앞면에만 글씨를 쓴 것이 아니라, 나무 막대의 각 면에 문자를 기록했는데요, 목간은 글자를 아는 관리나 귀족이 주로 사용한 것으로 보입니다. 백제 목간에는 《삼국유사》나 《삼국사기》에도 기록되지 않은 백제인들의 생생한 삶의 모습이 기록되어 있어, 백제 연구에 많은 도움을 주고 있어요.

나뭇조각에는 어떤 이야기가 담겨 있을까요?

백제 사람들은 목간에 이름, **신분**, 세금, 구구단, **논어**, 의료, **대출**과 **이자**, 손 편지, 글씨 연습 등의 흔적을 남겼어요. 목간에는 나라에서 **춘궁기**에 가난한 사람들에게 곡식을 꿔 준 내용, 불교 행사일에 절에서 소금을 나눠 준 일, 아플 때 의사에게 처방받거나 일자리를 부탁하는 사람들의 삶의 이야기가 생생하게 쓰여 있었어요. 백제의 한 관리에게 쌀을 **지급**

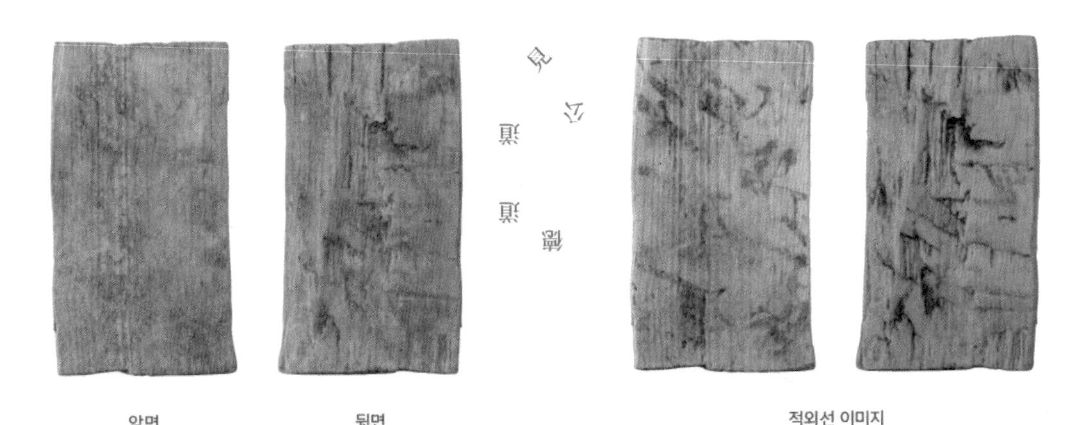

앞면 뒷면 적외선 이미지

백제 사람들의 목간 | 출처_국립부여박물관
백제 사람들이 글씨 연습용으로 사용했던 목간이에요.

했다는 내용, 약재를 기르고 캐는 사람에게 하루치 **보수**로 쌀을 준 내용도 상세히 적혀 있었어요. 이를 통해 당시에 어떤 관직이 있었는지, 보수를 어떻게, 얼마나 지급했는지도 알 수 있었지요.

이뿐만 아니라, 중국 공자가 쓴 《논어》의 문구가 적힌 목간도 발견됐어요. 이 목간에는 '배우고 익히면 매우 즐겁다'와 같은 《논어》의 유명한 **문구**가 쓰여 있었어요. 이를 통해 당시 백제 사람들의 **지적** 수준이 얼마나 높았는지 알 수 있어요. 이처럼 목간에 쓰인 백제 사람들의 삶의 기록은 그 어떤 역사서보다도 생생하게 백제인들이 살아가는 현장을 보여주고 있답니다.

공자가 쓴 《논어》의 문구가 적힌 목간
출처_국립부여박물관
위쪽은 목간이고 아래쪽은 적외선 판독 이미지예요.

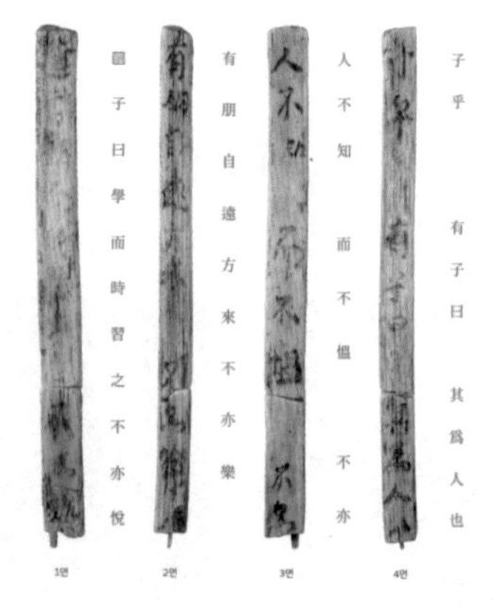

역사 문해력 키우기

Q 여러분이 백제 사람이라면 목간에 무슨 이야기를 썼을 것 같아요?

역사 상식

◆ **다음 빈칸을 채우세요.**

글을 적은 나뭇조각을 [ ][ ] 이라고 불러요.

◆ **맞으면 O, 틀리면 X 하세요.**

1. 목간은 주로 평민들이 종이 대신 사용하던 것이에요. [ ]
2. 목간에는 백제 사람들의 일상생활이 생생하게 기록돼 있어요. [ ]
3. 중국의 공자는 목간에 논어라는 유명한 책을 썼어요. [ ]

어휘 풀이

- **목간** | 글을 적은 나뭇조각으로, 종이가 발명되기 전에 사용한 도구
- **주요** | 중심이 되고 중요함
- **발굴되다** | 땅속에 묻혀 있던 것이 찾아져 파내지다
- **신분** | 과거에 제도적으로 개인에게 주어진 계급
- **대출** | 돈이나 물건을 빌려주거나 빌림
- **이자** | 남에게 돈을 빌려 쓰고 그 대가로 일정하게 내는 돈
- **춘궁기** | 먹을 곡식이 다 떨어지고 그해 곡식은 아직 익지 않아 음식이 부족한 봄
- **지급하다** | 돈이나 물건 등을 정해진 만큼 내주다
- **보수** | 일이나 노력의 대가로 받는 돈이나 물건
- **문구** | 특정한 뜻을 나타내는 한 토막의 말이나 글
- **지적** | 지식에 관한 것

역사 지식

◆ **공자의 《논어》**

유교 경전인 사서 중 한 권이에요. 공자와 그의 제자들의 가르침이 담겨 있고, 총 20편으로 이루어져 있어요.

꽃비가 내리던 그날, 신라에 불교가 찾아오다

서기 6세기 뉴스 1 2 3 4 5 6 7 8 9 10

때는 527년. 신라 23대 왕인 법흥왕은 뜻을 함께하던 **충직한** 신하 이차돈의 목을 베었어요. 대체 무엇 때문에 이렇게 무시무시한 일이 벌어진 걸까요?

법흥왕, "나라의 발전을 위해 불교 필요" vs. 귀족, "누가 뭐래도 불교는 안 돼"

이차돈 순교비
출처_국립경주박물관
신라 법흥왕 14년(527년)에 불교 공인을 위해 자신을 희생했던 이차돈의 순교 정신을 기리기 위하여 818년에 세워졌어요.

당시 신라는 고구려, 백제에 비해 힘이 약한 나라였어요. 법흥왕은 신라를 강한 나라로 만들기 위해서는 **왕권**을 **강화**해 **중앙 집권 국가**로 나아가야 한다고 생각했어요. 이를 위해선 **불교**를 나라 종교로 받아들여야 한다고 봤죠. 부처님을 섬기는 마음이 왕에 대한 충성심으로 이어져 왕의 힘이 강해질 거라 판단한 거예요.

법흥왕은 신하 이차돈에게 신라에서 불교가 자리 잡을 수 있도록 신라 최초의 절인 흥륜사를 짓게 해요. 그러나 일은 순조롭게 흘러가지 않았어요. 귀족들의 반대가 어마어마했거든요. 당시 귀족들은 불교가 **수용되면** 왕의 권위가 올라가는 대신 귀족들의 힘이 약해질 거라고 생각했어요. 또 이차돈은 천경림이란 숲에 절을 짓고 있었는데, 그곳은 오래전부터 귀족들이 하늘에 복을 빌며 기도하던 곳이었어요. 귀족들은 자신들이 제사를 지내는 곳에 절을 짓는다는 사실에 강하게 **반발했어요.**

이차돈은 불교를 나라의 종교로 받아들이려는 법흥왕을 돕기 위해 스스로 희생하겠다고 제안했어요. 귀족들의 반발로 위기에 처한 법흥왕은 이차돈을 **처형할** 수밖에 없었어요. 이차돈은 담담하게 죽음을 맞이합니다. 그런데 이차돈의 목이 베어지는 순간, 신비로운 일이 벌어졌어요. 흰 피가 솟아오르며 꽃비가 내린 거예요. 그 장면을 본 사람들은 모두 깜짝 놀라며 부처의 힘을 믿게 되었고, 이로써 신라에서 불교가 퍼져 나가게 되었답니다.

불교는 신라에만 있었을까?

고구려와 백제는 신라보다 100여 년이나 앞선 시기에 불교를 **국교**로 받아들였어요. 고구려는 372년에, 백제는 384년에 불교를 수용했죠. 고구려는 고국원왕이 **전사하며** 가라앉은 나라의 분위기를 새롭게 일으키고, 중국과 좋은 관계를 이어 나가기 위해 중국으로부터 불교를 받아들였어요. 백제도 불교를 받아들여 새로운 국가로 발전을 거듭해 나갔어요.

불교가 국교로 수용되기 전, 삼국 사회 지도자들은 왕이든 귀족이든 모두 자신들이 하늘의 자손이라고 여겼어요. 왕의 권력이 귀족보다 더 강할 수 없었던 이유였죠. 그러나 사회가 발전해 가고, 나라 간 **정복** 전쟁이 계속되면서 승리를 거두려면 나라의 힘을 한데 모아야 했어요. 이에 삼국 사회는 왕에게로 힘을 모아 왕권을 강화하고자 했고, 불교는 이러한 사회적인 필요에 맞물려 삼국에 자리 잡게 되었답니다.

역사 문해력 키우기

Q 삼국 시대에 불교는 어떤 역할을 한 것 같아요?

역사 상식

◆ **다음 빈칸을 채우세요.**

신라는 불교를 나라의 종교로 받아들이기 위해 □□□ 을 희생시켰어요.

◆ **맞으면 O, 틀리면 X 하세요.**

1. 신라는 삼국 중 가장 늦게 불교를 받아들였어요. □
2. 신라 귀족들은 불교 수용을 처음부터 찬성했어요. □
3. 불교가 수용되기 전에도 왕은 귀족보다 힘이 더 셌어요. □

어휘 풀이

- **충직하다** | 충성스럽고 정직하다
- **왕권** | 임금이 가지고 있는 힘이나 권리
- **강화** | 힘을 더 강하게 하는 것
- **중앙 집권 국가** | 나라를 다스리는 권력이 지방에 흩어져 있지 않고 중앙 정부에 집중된 나라
- **수용되다** | 어떤 것이 받아들여져 사용되다
- **반발하다** | 어떤 행동이나 상태에 반대하다
- **처형하다** | 벌을 내리거나 사형을 하다
- **국교** | 나라에서 법으로 정해 모든 국민이 믿도록 하는 종교
- **전사하다** | 전쟁터에서 싸우다 죽다
- **정복** | 다른 민족이나 나라를 힘으로 쳐서 복종시킴

역사 지식

◆ **불교**

기원전 6세기에 석가모니가 만든 종교예요. 세상의 모든 고통에서 벗어나 부처가 되기 위해 노력하는 것을 가장 중요하게 여겨요. 왕의 힘을 키워 나라를 크게 만들기 위해서는 백성들의 충성심을 하나로 모아야 했는데, 불교는 이에 꼭 필요한 종교였어요.

바보 온달은 정말 바보였을까?

서기 **6세기** 뉴스 1 2 3 4 5 **6** 7 8 9 10

울보 평강 공주가 바보 **온달**과 결혼한 이야기를 들어본 적이 있어요? 바보라고 놀림 받던 인물이 공주와 어떻게 결혼할 수 있었을까요? 그것도 고구려와 같은 **철저한 신분 사회**에서 말이에요.

온달 장군 동상 | 출처_온달테마공원

평원왕의 외동딸, 평강 공주의 당당한 선택!

먼저 평강 공주의 아버지 평원왕이 어떤 왕이었는지 살펴볼게요. 평원왕이 왕이 되던 해, 귀족들의 힘은 아주 강했어요. 평원왕은 귀족 **세력**을 **견제하고 왕권**을 **강화해야** 했어요. 이를 위해 평원왕은 자신을 지켜 줄 세력을 만들고 백성들의 **지지**를 얻고자 노력했죠. 평원왕은 백성들의 고통을 함께하고, 전쟁에서 **공**을 세운 **신진** 장수들에 기대어 왕권을 강화했어요.

울보였던 평강공주(왼쪽 사진)와 온달(오른쪽 사진)의 어릴 적 모습이에요.

온달은 평강 공주의 바람대로 활쏘기 연습을 열심히 했어요.

온달은 남다른 사냥 실력을 보였어요.

평원왕과 함께 싸움에 나간 온달은 크게 승리했어요.

한편 평강 공주는 평원왕의 외동딸이었어요. 평강 공주는 자기 마음에 들지 않으면 막무가내로 우는 고집불통 울보였어요. 한번 울기 시작하면 울음을 그치지 않았는데요, 그럴 때마다 평원왕은 공주의 울음을 멈추게 하려고 바보 온달에게 시집을 보내야겠다고 겁을 주곤 했어요. 시간이 흘러 평강 공주가 16살이 되던 해, 평원왕은 공주를 귀족 집안에 시집 보내려고 했어요. 하지만 평강 공주는 아버지가 늘 하던 말씀대로 온달과 결혼을 하겠다며 궁을 떠나 버려요.

온달은 정말 바보였을까?

평원왕의 반대를 무릅쓰고 온달과 결혼한 평강 공주는 온달이 고구려의 훌륭한 장군이 되기를 바라며 열심히 뒷바라지해요. 온달도 평강 공주의 바람대로 글공부와 활쏘기 연습에 힘썼어요.

고구려 사람들은 매년 3월 3일에 낙랑 언덕에 모여 사냥으로 잡은 짐승들을 바치며 하늘에 제사를 지냈어요. 온달도 이 사냥에 참가했는데요, 이때 남다른 사냥 실력을 보입니다. 왕은 월등한 사냥 실력을 지닌 온달을 유심히 살펴보다가, 그가 실은 평강 공주와 결혼한 사람이라는 사실을 알고선 매우 놀랍니다. 그 이후 북주라는 나라의 무제왕이 고구려를 공격해 왔는데요, 온달은 평원왕과 함께 싸움에 나가 **적군**을 크게 무찔러요. 평원왕은 이로써 온달을 사위로 인정하고 큰 **벼슬**을 내려요. 귀족 세력을 견제하고 자신을 도와줄 새로운 인물이 필요했던 평원왕에게 온달은 반가운 인물이었죠. 이후 온달은 영양왕 때인 590년에 신라에 빼앗긴 땅을 되찾기 위해 군사를 이끌고 남쪽으로 내려갔지만, 신라군의 화살에 맞아 **전사합니다**.

| **온달 장군 동상** | 출처_온달테마공원

온달은 바보라고 놀림을 받았지만 실제로 그는 바보가 아니었어요. 오히려 온달은 활쏘기와 말타기에 뛰어난 **장수**였고, 고구려의 영웅이 되어 백성들의 존경을 한 몸에 받았던 인물이었어요.

역사 문해력 키우기

Q 온달은 어떤 사람이었어요? 세 문장으로 요약해 보세요.

역사 상식

◆ **다음 빈칸을 채우세요.**

평강 공주와 결혼한 바보 [ ][ ] 은 사실 능력 있는 고구려의 장군이었어요.

◆ **맞으면 O, 틀리면 X 하세요.**

1. 평원왕에게 귀족들의 세력은 큰 도움이 됐어요. [ ]
2. 온달은 사냥 실력이 뛰어났어요. [ ]
3. 온달은 결국 평원왕의 인정을 받지 못하고 전쟁에서 죽음을 맞이해요. [ ]

어휘 풀이

- **철저하다** | 깊은 구석구석까지 빈틈이 없다
- **신분 사회** | 태어날 때부터 정해진 신분이 있는 사회
- **세력** | 어떤 특징이나 힘을 가진 무리
- **견제하다** | 상대방이 자유롭게 행동하거나 힘이 강해지지 못하도록 하다
- **왕권** | 임금이 가지고 있는 힘이나 권리
- **강화하다** | 힘을 더 강하게 하다
- **지지** | 어떤 사람이나 단체의 의견 등에 찬성하고 따름
- **공** | 노력과 수고로 만든 결과
- **신진** | 새로 벼슬에 오름
- **적군** | 적의 군대나 군사
- **벼슬** | 나라를 위해 일하는 관리의 역할이나 자리
- **전사하다** | 전쟁터에서 싸우다 죽다
- **장수** | 군사들을 이끄는 대장

역사 지식

◆ **온달**

평강 공주와 결혼하고 큰 벼슬까지 한 전설적인 인물이에요. '바보 온달'로 불리지만 실은, 《삼국사기》에 <온달전>이 남아 있을 만큼 고구려에서 유명한 장군이었어요.

신라 사회를 휩쓴 아이돌의 정체

시기 6세기~7세기 뉴스 1 2 3 4 5 6 7 8 9 10

2024년, 한국 아이돌이 전 세계를 휩쓸고 있어요. 한국 아이돌들은 2000년대에만 있었을까요? 지금의 아이돌처럼 멋진 외모와 뛰어난 춤과 노래 실력, 거기에 글도 잘 쓰고 싸움까지 잘하는 사람들이 신라 시대에 있었다는데, 그들은 과연 누구였을까요?

신라 시대 꽃미남 아이돌, 그 주인공은 바로

'꽃처럼 아름다운 남자'라는 뜻을 가진 **화랑**이에요. 진흥왕은 나라 발전을 위해 일할 젊은 **인재**를 길러 내려고 '화랑도' 제도를 마련했어요. 화랑도의 우두머리 역할을 맡은 화랑은 꽃미남이라는 이름에 걸맞게, 왕족이나 귀족 자녀 중에서 외모가 뛰어나고 **품행**이 단정한 청년들로 **선발되었어요**.

화랑도는 수백에서 천 명이 넘는 **평민 출신 낭도**를 화랑이 이끄는 방식으로 관리되는 조직이었어요. 그들은 주로 **무사**로 활동하기 위해 훈련했지만, **무예**뿐만 아니라 시도 짓고 춤과 노래도 배웠어요. 잘생긴 데다 공부도 잘하고, 싸움도 잘하고, 노래도 잘 부르고, 춤도 잘 추는, 한마디로 못하는 게 없는 캐릭터였죠. 또 화랑들은 **세속오계**를 지켜 나가며 몸과 마음도 갈고닦았어요. 우리가 알고 있는 신라 시대 유명한 인물인 김춘추와 김유신도 화랑이었답니다. 이처럼 훌륭한 인재들로 이루어진 화랑도는 신라의 힘을 점점 키워 삼국 통일에 큰 공을 세워요.

임신서기석 | 출처_국립경주박물관
신라의 두 젊은 화랑의 맹세를 새긴 비석이에요. 나라에 충성하며 학문을 갈고닦기 위해 노력할 것을 다짐하고 맹세한 내용이 담겨 있어요.

화랑도는 어느 날 갑자기 만들어진 제도였을까요?

화랑도가 생기기 전에 '원화'라는 제도가 있었어요. 화랑은 원화를 뒤이은 조직이라 볼 수 있어요. 원화의 우두머리도 화랑처럼 삼백여 명의 젊은 남성을 이끌어 함께 몸과 마음을 갈고닦았어요. 실제로 진흥왕은 원화 무리 속에서 인재를 찾아 키우려고 했죠. 그런데 여기서 주목할 점은 원화 우두머리가 여성이었다는 점이에요.* 지금으로부터 무려 1,500여 년 전 국가 조직의 리더가 여성이었다니요! 하지만 원화 제도는 두 우두머리의 갈등으로 결국 사

* 이는 화랑의 기원과 관련한 여러 의견 중 하나입니다.

김유신 장군 동상 | 출처_서울 남산공원

라지고 말아요. 이후 신라는 인재를 키우기 위해 여성 대신 외모가 뛰어난 남자를 뽑아 화랑이라고 불렀죠. 이는 신라 사회에서 여성들의 역할이 점차 줄어들고 남성 중심 사회로 변화한 것으로 볼 수 있어요.

역사 문해력 키우기

Q 요즘 시대에도 화랑과 같은 사람들이 있을까요? 떠오르는 인물이 있어요?

역사 상식

◆ **다음 빈칸을 채우세요.**

☐☐☐ 는 나라의 발전을 위해 일할 젊은 인재를 길러 내기 위해 진흥왕이 만든 단체예요.

◆ **맞으면 O, 틀리면 X 하세요.**

1. 외모가 뛰어나다면 여성도 화랑이 될 수 있었어요. ☐
2. 신라가 삼국을 통일하는 데 화랑은 큰 역할을 했어요. ☐
3. 원화는 여성들로만 이루어진 조직이었어요. ☐

어휘 풀이

- **인재** | 능력과 지식을 갖추어 사회에서 필요한 사람
- **품행** | 타고난 성격과 겉으로 드러나는 행동
- **선발되다** | 여럿 가운데 골라져 뽑히다
- **평민** | 평범한 백성
- **출신** | 태어났을 당시 가정이 속한 사회적 신분
- **낭도** | 화랑도 안에서 화랑을 따르며 훈련받는 다양한 신분의 큰 무리
- **무사** | 무술을 배우고 익혀 그것을 쓰는 일을 하는 사람
- **무예** | 무술에 관한 재주

역사 지식

◆ **화랑**

화랑도 안에서 수많은 낭도를 이끄는 소수의 우두머리예요. 아름다운 외모와 뛰어난 능력을 동시에 지닌 귀족 출신 남성만 화랑이 될 수 있었어요.

◆ **세속오계**

화랑이 지켜야 할 다섯 가지 계율을 말해요. 1. 나라에 충성한다. 2. 부모에게 효도한다. 3. 친구들끼리 서로 믿는다. 4. 싸움터에서 물러서지 않는다. 5. 생명이 있는 것을 함부로 죽이지 않는다.

선화 공주 스캔들, 진실 혹은 거짓

서기 6세기 후반~7세기 중반 뉴스 1 2 3 4 5 6 7 8 9 10

2024년 상반기에도 가짜 뉴스가 하루가 멀다고 이어지고 있어요. 영국 국왕이 사망했다거나 미국 대통령이 **위독하다**는 가짜 뉴스도 있었어요. 유명인과 관련한 거짓 소문은 끝없이 나오고 있죠.

신라 시대 세기의 스캔들, 서동요

'선화 공주님은 남몰래 시집가서 서동 도련님을 밤에 몰래 안고 간다.'

이는 '**서동요**'라는 노래의 한 구절이에요. 이 노래에 나오는 선화 공주와 서동은 실제 역사 속 인물이에요. 먼저 선화 공주는 신라 진평왕의 셋째 딸이자 선덕 여왕의 여동생으로, 아름답기로 유명했죠. 서동은 **백제 무왕**의 어릴 적 이름이고요. **몰락한** 왕족이었던 그는 어릴 적 궁 밖에서 **마**를 캐고 팔며 살았기 때문에 '마를 캐는 아이'라는 뜻의 서동이라 불렸어요. 어느 날 서동은 선화 공주가 매우 아름답다는 소문을 들어요. 선화 공주를 아내로 맞이하고 싶어진 서동은 헛소문을 퍼뜨려야겠다고 마음을 먹어요. 서동은 거짓 가사로 노래를 지어 신라 아이들에게 따라 부르게 하고 그 노래를 널리 널리 퍼뜨려요.

| **선화 공주** | 출처_전통문화포털

이 노래는 진평왕의 귀에까지 들어가게 돼요. 선화 공주는 이 노래가 거짓이라고 해명했지만, 소문은 걷잡을 수 없이 번져 나갔고 화가 난 진평왕은 선화 공주를 궁에서 쫓아냈어요. 쫓겨난 선화 공주는 슬퍼하며 길을 가다 한 남자를 만나 사랑에 빠지게 됩니다.

선화 공주가 사랑에 빠진 그 남자는 바로

서동! 거짓 가사로 노래를 만든 서동이었어요! 결국 서동이 만든 거짓 소문은 진짜가 되어 버린 거예요. 서동과 함께하게 된 선화 공주는 어머니로부터 받은 금을 서동에게 보여 주며 앞으로의 계획을 세우려고 해요. 서동은 금을 보고도 대수롭지 않게 생각해요. 마를 캐던 시절, 산에 쌓여 있는 금을 흔히 봐 왔던 서동은 그때까지 금의 귀중함을 몰랐던 거

미륵사지 석탑에서 발견된 글귀 | 출처_국가유산청
2009년 익산 미륵사지 석탑에서 출토된 유물을 살펴보니 '백제 왕후는 백제 귀족인 좌평 사택적덕의 딸'이라는 글귀가 발견됐어요.

죠. 선화 공주는 서동에게 금의 가치를 알려 주었고, 황금을 신라 왕실에 보냈어요. 진평왕은 이윽고 둘의 **혼인**을 인정하게 돼요. 이후 선화 공주는 서동이 백제의 30대 무왕이 되는 데에 큰 도움을 줍니다.

익산 미륵사지 석탑의 2019년 모습 | 출처_한성백제박물관

639년 선화 공주는 익산의 미륵산 주변에서 신비로운 경험을 하고서 무왕에게 미륵산에 절을 짓자고 제안한 것으로 전해져요. 그때 지어진 곳이 지금의 미륵사고요. 그런데 2009년에 미륵사 석탑에서 **출토된 유물**을 살펴보니 '백제 왕후는 좌평 사택적덕의 딸'이라는 글귀가 발견돼요. 이 글귀에 따르면 무왕의 부인은 선화 공주가 아니라는 얘기죠.

익산 미륵사지 석탑 유물 | 출처_국가유산청
출토 당시의 모습이에요.

역사학계에서는 무왕의 아내가 백제 귀족의 딸이라고 보기도 하고요, 선화 공주가 무왕의 부인이었다는 사실은 변함없되, 귀족의 딸은 무왕의 여러 왕비 중 한 명인 것으로 해석하기도 해요. 진실은 무엇일까요? 아직도 이들의 진실 **공방**은 계속되고 있어요.

역사 문해력 키우기

Q 서동과 선화 공주는 어떤 인물인 것 같아요? 여러분의 생각을 이야기해 보세요.

역사 상식

◆ 다음 빈칸을 채우세요.

□□□ 는 서동이 선화 공주와 결혼하고 싶어서 만든 노래예요.

◆ 맞으면 O, 틀리면 X 하세요.

1. 선화 공주는 가짜 노래 때문에 궁에서 쫓겨나요. □
2. 서동은 백제 무왕의 어릴 적 이름이에요. □
3. 무왕의 아내는 선화 공주가 아닌 백제 귀족의 딸이라는 사실이 밝혀졌어요. □

어휘 풀이

- **위독하다** | 병이 매우 깊거나 심하게 다쳐서 목숨이 위험하다
- **몰락하다** | 재산을 잃거나 힘이 약해져서 보잘것없어지다
- **마** | 미끈거리는 점액질이 나오는 채소
- **혼인** | 남자와 여자가 부부가 되는 일
- **출토되다** | 땅속에 묻혀 있던 오래된 물건이 밖으로 나오게 되거나 파내어지다
- **유물** | 앞선 시대에 살았던 사람들이 남긴 물건
- **공방** | 서로 공격하고 방어함

역사 지식

◆ 서동요

백제 무왕이 어릴 적 서동이라는 이름으로 지어서 퍼뜨린 노래예요. 한국 최초의 향가인데요, 향가란 리듬이 있는 우리나라 고유의 문학을 말해요.

◆ 백제 무왕

600년~641년 사이에 백제를 다스렸던 제30대 왕이에요. 왕으로 있는 내내 신라와 계속 전쟁을 벌이며 신라에 빼앗긴 영토를 되찾기 위해 노력했어요.

가짜 뉴스, 삼국 시대에도 판쳤다

서기 7세기 뉴스 1 2 3 4 5 6 7 8 9 10

얼마 전 러시아 푸틴 대통령과 북한 김정은 위원장이 롤러코스터를 함께 타고 있는 장면이 뉴스로 보도됐어요. 푸틴 대통령과 김정은 위원장이 평양에서 만난 뒤 SNS를 통해 퍼진 사진인데요, 이는 AI로 만들어진 가짜 뉴스였어요. 거짓 뉴스를 만들어 내는 문제는 현대에 생겨난 것 같지만, 가짜 뉴스의 역사는 아주 오래됐다고 해요. 삼국 시대에도 가짜 뉴스가 있었거든요!

백제의 가짜 뉴스, 의자왕과 삼천 궁녀

백제는 660년에 **신라와 당나라 연합군**에 의해 멸망하고 맙니다. 당시 백제 왕이었던 **의자왕**은 삼천 궁녀를 거느리며 **방탕하게** 놀다가 나라를 멸망하게 만든 **부패한 폭군**으로 후대에 평가받아요. 더불어 궁녀 삼천 명이 백제의 멸망을 슬퍼하며 낙화암이라는 곳에서 뛰어내려, 스스로 목숨을 끊었다는 이야기도 전해졌죠. 그런데 의자왕과 삼천 궁녀, 이 두 이야기는 명백한 가짜 뉴스라고 합니다.

낙화암 | 출처_국가유산청
《삼국유사》에 660년 백제가 나당 연합군의 침공으로 함락되자, 궁녀들이 이곳에서 치마를 뒤집어 쓰고 몸을 던졌다는 기록이 있어요.

이 이야기가 가짜 뉴스인 까닭은

먼저 궁녀가 삼천 명이나 있었다는 것은 당시 백제 전체 인구수로 미루어 볼 때 현실적으로 불가능하다고 해요. 백제보다 인구도 훨씬 더 많고 나라 힘도 강했던 조선 후기 궁녀 수도 삼천 명에 훨씬 못 미치는 500여 명이었거든요. 또 삼천 궁녀라는 표현 자체가 삼국 시대 역사서에 쓰인 적이 없었고, 조선 시대 '김흔'이라는 사람의 시에서 처음 나왔어요. 또 시에서 쓰인 '삼천'이란 숫자는 실제 수가 아닌, 많은 것을 비유적으로 표현한 것이라고 역사학자들은 말해요. 삼천 궁녀뿐만 아니라 의자왕에 대한 평가도 사실과는 달라요. 의자왕은 역사 속에서 무능력한 왕으로 묘사되었지만, 실제로 의자왕은 **왕권**을 **강화**하고 **대외 정벌**에 큰 관심을 가졌던 왕이에요. 신라를 공격해 40여 성을 **정복하는** 등 **영토**를 확장해 백제를 **번성시키기도** 했거든요.

그렇다면 왜 이런 가짜 뉴스가 생겨났을까요? 당시 나당 연합군은 여

경남 합천 대야성 일대 모습 | 출처_국가유산청
의자왕이 즉위한 후, 백제는 대야성을 함락하여 신라를 위기에 빠트렸어요.

기저기에다 백제 **함락**은 옳은 일이었다고 주장해야 했어요. 그러려면 의자왕을 무능하고 방탕한 왕으로 만들어야 했어요. '나쁜 왕 때문에 우리가 백제를 멸망시킬 수밖에 없었다!'라고 말이죠. 이에 대해 역사학자들은 이제라도 의자왕에 대한 재평가가 이루어져야 한다고 말합니다. 의자왕에 대한 뉴스는 사실이 아니니까요!

역사 문해력 키우기

Q 백제에 대한 가짜 뉴스 두 가지와 그것이 가짜 뉴스인 이유를 가족들에게 설명해 보세요.

역사 상식

◆ **다음 빈칸을 채우세요.**

백제가 멸망하던 당시 백제 왕은 [ ][ ][ ] 이었어요.

◆ **맞으면 O, 틀리면 X 하세요.**

1. 백제는 나당 연합군에 의해 멸망했어요. [ ]
2. 의자왕은 백제의 영토를 넓히기 위해 노력한 왕이에요. [ ]
3. 백제의 삼천 궁녀 이야기는 역사서에도 나오는 사실이에요. [ ]

어휘 풀이

- **방탕하다** | 술이나 도박에 빠져 겉으로 드러나는 행동이 좋지 못하다
- **부패하다** | 정의롭지 못한 쪽으로 빠져들다
- **폭군** | 성질이나 행동이 사납고 악한 임금
- **왕권** | 임금이 가지고 있는 힘이나 권리
- **강화** | 힘을 더 강하게 하는 것
- **대외 정벌** | 다른 나라를 힘으로 물리침
- **정복하다** | 다른 민족이나 나라를 힘으로 쳐서 복종시키다
- **영토** | 한 나라의 땅
- **번성시키다** | 힘이 커져서 널리 퍼지게 만들다
- **함락** | 적의 성 등을 공격해 무너뜨림

역사 지식

◆ 나당 연합군

고구려, 백제, 신라를 하나의 나라로 통일하기 위해 신라가 당나라와 손을 잡고 이룬 군대를 말해요. 나당 연합군의 힘으로 신라는 고구려와 백제를 멸망시켰지만, 이후 연합이 끝나고 당나라와 7년 동안 전쟁하게 돼요. 이 전쟁에서 이긴 신라는 삼국 통일을 이뤄 내요.

◆ 의자왕

무왕의 맏아들로, 641년~660년 사이에 백제를 다스린 제31대 왕이자 마지막 왕이었어요. 의자왕은 효심이 깊어 '해동증자'라고도 불렸어요. 해동은 바다 건너 동쪽에 있는 나라인 백제를 뜻하고 증자는 효심이 뛰어났던 공자 제자의 이름이에요. 의자왕은 신라의 성을 40여 개 빼앗으며 영토를 넓히고 백제의 힘을 키웠지만, 결국 나당 연합군과의 전쟁에서 패배해 백제를 빼앗겨요. 이후 의자왕은 당나라에 끌려가 얼마 후 세상을 떠났어요.

甘末谷畓七(?)□堤上一

경제

21 예쁜 건 못 참지, 삼국 시대 패션 아이템

22 "힘든 백성을 구하라!" 고국천왕의 미션, 완수!

23 똑똑한 백제 사람이라면 구구단 정도는 외워야지

24 "비나이다, 비나이다" 비가 오게 해 달라고 기도한 그곳은?

25 "음매~" 소가 해결사로 등장한 그때 그 시절

26 가난하면 세금은 조금만 내도 돼요

27 화폐가 없는데 월급은 뭐로 받지

28 "어머, 이건 꼭 사야 해" 통일 신라 시대 '핫템'은 이것!

29 "뽕나무 한 그루도 놓칠 순 없어!" 통일 신라 사람들이 빼곡하게 써 놓은 그것은?

예쁜 건 못 참지, 삼국 시대 패션 아이템

2024년 한국을 강타한 패션 키워드는 꾸미기 열풍! 신발에 마음에 드는 참을 달고, 다이어리에 스티커를 붙이고, 가방에 키링을 달아 자신만의 개성을 드러내는 꾸미기 열풍이 하나의 패션 트렌드로 자리 잡았어요. 신꾸, 다꾸, 백꾸로 불리는 꾸미기 열풍은 MZ세대에서 출발해 이제 전 세대로 퍼져 나가고 있는데요, 예쁘게 꾸민 신발을 신고, 가방을 메면 어쩐지 기분이 좋아집니다. 꾸미는 것의 즐거움을 삼국 시대 사람들도 느꼈을까요?

삼국 시대 패션 아이템은 귀걸이

삼국 시대 사람들은 몸을 **치장하는 장신구**로 남녀 구별 없이 귀걸이를 즐겨 착용했어요. 귀걸이는 한반도에서 신석기 시대부터 현재까지 이어져 오는 장신구예요. 초기에는 동물 뼈 등을 이용해 만들었지만, 점차 **옥**과 **수정**을 거쳐 금, 은을 사용하게 되었죠. 삼국 시대 **고분**에서는 섬세한 기술로 만든 다양한 귀걸이가 **출토됐는데요**, 삼국의 귀걸이는 나라마다 다른 매력을 뽐냅니다. 먼저 고구려의 귀걸이는 고구려의 강한 이미지와 걸맞게 선이 굵고 강렬한 느낌을 풍깁니다. 반면 신라는 매우 **정교하고** 화려하게 귀걸이를 제작했어요. 백제 귀걸이는 **단아함**이 단연 돋보입니다. 섬세한 기술로 세련되고 조화롭게 귀걸이를 만들었죠.

삼국의 **지배층**들은 자신의 사회적 **지위**를 드러내기 위해서 화려한 장

고구려 귀걸이 | 출처_국립중앙박물관
선이 굵고 강한 느낌이에요.

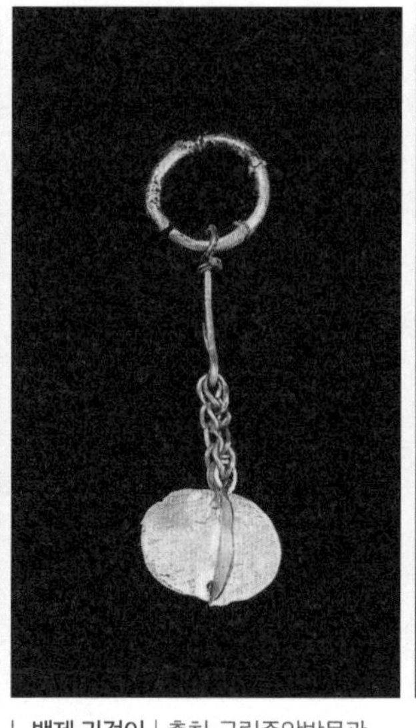

백제 귀걸이 | 출처_국립중앙박물관
단아함이 돋보여요.

신라 귀걸이 | 출처_국립중앙박물관
매우 정교하고 화려해요.

신구로 꾸몄어요. 그러나 지배층이나 귀족들만 귀걸이를 했던 건 아니었어요. 화려한 장식 없이 **소박하고** 간단한 모양의 귀걸이들도 발견되었거든요. 꾸며서 예뻐지고 싶은 마음은 일반 백성들도 마찬가지였겠죠?

고대인들의 명품, 모피

고구려와 발해는 모피를 만드는 기술이 매우 뛰어났어요. 모피로 만든 겉옷은 물론 가죽신을 만들기도 했어요. 고구려 왕들은 중국에 **담비** 가죽을 선물로 보냈고 모피를 수출하기도 했어요. 발해 사람들도 호랑이, 표범, 담비 가죽 등을 주변 나라에 수출했는데, 특히 일본에 모피를 수출해서 상당한 이익을 얻었어요. 모피를 만들 때 쓰이는 동물들은 대부분 사납고 포악한 육식 동물인데요, 이들을 사냥하려면 깊은 산속으로 가야 했을 테고, 사냥하기도 어려웠을 거예요. 그러니 모피는 그 어떤 것보다 값비싼 물건이었죠. 아무나 입을 수 없는 옷이었던 거예요.

사회적 지위를 드러내기 위해 화려한 장신구를 하고 모피를 입었던 사람들, 넉넉하진 않아도 소박한 모양의 귀걸이로나마 자신을 드러냈던 사람들을 떠올리면, 예나 지금이나 사람들은 자신을 꾸미고 치장하는 일에는 진심인 것 같습니다.

역사 문해력 키우기

Q 여러분은 어느 나라 귀걸이가 가장 마음에 들어요? 그 이유는 뭐예요?

역사 상식

◆ **다음 빈칸을 채우세요.**

삼국 시대 사람들은 자신을 꾸미기 위한 [ ][ ][ ] 로 귀걸이를 즐겨 했어요.

◆ **맞으면 O, 틀리면 X 하세요.**

1. 고구려, 백제, 신라는 귀걸이의 디자인이 서로 다 달라요. [ ]
2. 삼국 시대에는 지배층들만 장신구를 착용했어요. [ ]
3. 고대 모피는 어디에서나 구할 수 있어 누구나 입을 수 있는 옷이었어요. [ ]

어휘 풀이

- **치장하다** | 잘 매만져 곱게 꾸미다
- **옥** | 연한 녹색이나 회색을 띠며, 빛이 곱고 모양이 아름다운 보석
- **수정** | 빛깔이 없고 투명하며 단단한 광물
- **고분** | 고대에 만들어진 무덤으로 역사적 또는 고고학적 자료가 될 수 있는 분묘
- **출토되다** | 땅속에 묻혀 있던 오래된 물건이 밖으로 나오게 되거나 파내어지다
- **정교하다** | 솜씨나 기술이 빈틈이 없이 자세하고 뛰어나다
- **단아하다** | 단정하고 아담하다
- **지배층** | 다른 사람이나 집단에 대하여 지배적인 힘을 가진 계층
- **지위** | 사회적 신분에 따른 위치
- **소박하다** | 꾸밈이나 욕심, 화려함 등이 없고 수수하다
- **담비** | 족제비와 비슷한 생김새에 털이 달린 동물

역사 지식

◆ **장신구**

몸을 보기 좋게 꾸미는 데 쓰는 물건을 말해요. 우리나라 장신구는 선사 시대 때부터 사용되다가 삼국 시대 때 가장 화려하게 발전해요. 모자, 비녀, 귀걸이, 목걸이, 팔찌, 반지 등 종류도 다양했어요.

"힘든 백성을 구하라!" 고국천왕의 미션, 완수!

지구 온난화로 수온이 크게 오르는 바람에 최근 2년 사이 어민들의 피해가 7배나 넘게 늘었다고 해요. 그러나 어민들은 **보상**을 제대로 받지 못한 것으로 나타났는데요, 기후 위기로 농어민들의 피해가 **급격히** 늘고 있는 가운데, 정부의 적극적인 대처가 필요하다는 목소리가 커지고 있어요. 오늘날에도 농어민들이 자연재해로 입은 피해 보상을 제대로 못 받고 있는데, 고대에는 어땠을까요? 아마 지금보다 더 심했겠죠?

힘든 백성을 보고도 그냥 내버려둘 순 없지

서기 194년 7월, 고구려는 **극심한 서리** 피해를 입었어요. 서리로 곡식이 상하는 바람에 **수확량**이 급격히 **감소**한 것이죠. 이로 인해 백성들이 굶주리는 **사태**가 벌어졌고 빌린 곡식을 갚지 못해 급기야 노비가 되는 일까지 발생했어요. 그러던 어느 가을날, **고국천왕**은 사냥을 나갔다가 서글피 울고 있는 한 백성을 만났어요. 고국천왕은 백성에게 왜 울고 있느냐고 물었어요. 그러자 그는 "이제껏 남의 일을 대신해 주면서 살아왔는데 올해는 곡식이 자라지 않아 일할 곳도 없고, 곡식을 얻을 데마저 없어 막막해서 울고 있습니다"라고 답했어요. 고국천왕은 백성의 대답을 듣고는 크게 안타까워 했어요. 백성을 이토록 **궁핍한** 상황에 내몰리게 한 건 왕의 잘못이라면서요. 고국천왕은 백성을 그냥 지나치지 않고 그에게 먹을 음식과 옷을 주며 위로했어요.

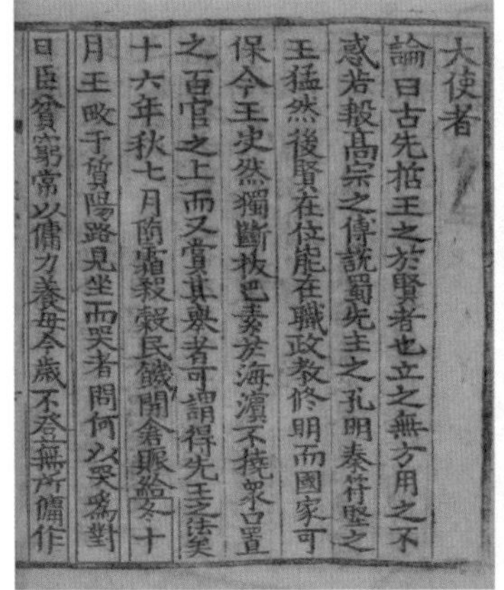

大使者
論曰古先哲王之於賢者也立之無方用之不
惑若殷高宗之傅說蜀先主之孔明秦苻堅之
王猛然後賢在位能在職政教修明而國家可
保今王决然獨斷拔巴素於海濵不撓衆口置
之百官之上而又賞其擧者可謂得先王之法矣
十六年秋七月隕霜殺穀民饑開倉賑給冬十
月王畋于質陽路見坐而哭者問何以哭爲對
曰臣貧窮常以傭力養母今歲不登無所傭作

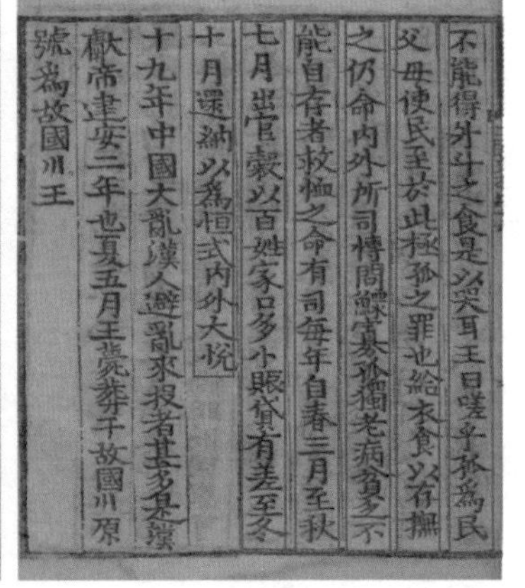

不能得升斗之食是以哭耳王曰嗟乎孤爲民
父母使民至於此極孤之罪也給衣食以存撫
之仍命内外所司博問鰥寡孤獨老病貧乏不
能自存者救恤之命有司每年自春三月至秋
七月出官穀以百姓家口多小賑貸有差至冬
十月還納以爲恒式内外大悅
十九年中國大亂漢人避亂來投者甚多是漢
獻帝建安二年也夏五月王薨葬于故國川原
號爲故國川王

고국천왕이 흉년으로 울고 있는 백성을 보고 먹을 음식과 옷을 주어 위로했다는 내용과 식구 수에 따라 구제 곡식을 빌려주고 갚도록 한 진대법에 대한 기록이 ≪삼국사기≫에 있어요. | 출처_한국고대사료DB

'백성을 구하라!' 고국천왕은 임무를 어떻게 완수했을까?

곧이어 고국천왕은 재상 **을파소**에게 **명해** 어려운 백성을 구하는 데 힘을 쏟았어요. 홀아비·과부·고아·홀로 사는 노인·늙고 병들고 가난하여 혼자 힘으로 살아갈 수 없는 사람들을 찾아내 도와주도록 했지요. 고국천왕은 백성들을 단순히 도와주는 데서 멈추지 않고, 을파소의 제안에 따라 곡물 **대여** 제도인 **진대법**도 시행했어요. 진대법은 먹을 것이 떨어진 백성들에게 해마다 3월부터 7월까지 식구 수에 따라 차이를 두어 곡식을 빌려주고 가을 수확이 끝난 10월에 갚도록 하는 제도예요.

진대법은 굶어 죽거나 노비가 될 위기에 처한 백성들을 구해 냈어요. 백성들은 진대법의 **시행**을 놓고 크게 기뻐했죠. 백성들의 삶을 보살펴 준 진대법은 우리 역사상 최초의 **구휼** 제도로 이후 고려와 조선으로까지 이어졌답니다.

역사 문해력 키우기

Q 진대법이 무엇인지 가족들에게 자세히 설명해 보세요.

역사 상식

◆ **다음 빈칸을 채우세요.**

고구려에는 백성들에게 곡식을 빌려주는 구휼 제도인 [ ][ ][ ] 이 있었어요.

◆ **맞으면 O, 틀리면 X 하세요.**

1. 고국천왕은 길에서 만난 백성의 이야기를 듣고 곡식을 빌려주었어요. [ ]
2. 진대법은 봄부터 가을까지 곡식을 빌려주고 수확이 끝난 후 갚도록 하는 제도예요. [ ]
3. 진대법은 우리나라 최초의 구휼 제도지만 오래 시행되지는 못했어요. [ ]

어휘 풀이

- **보상** | 손해를 갚음
- **급격히** | 변하는 속도가 매우 빠르게
- **극심하다** | 지나칠 정도로 매우 심하다
- **서리** | 공기 중의 수증기가 땅 위의 물체 겉에 얼어붙은 것
- **수확량** | 논밭에 심어 가꾼 곡식이나 채소를 거두어들인 양
- **감소** | 양이나 수가 줄어드는 것
- **사태** | 일이 되어 가는 상황이나 벌어진 일의 상태
- **궁핍하다** | 가난하고 여유가 없다
- **명하다** | 윗사람이 아랫사람에게 무엇을 하게 하다
- **대여** | 물건이나 돈을 빌려줌
- **시행** | 실제로 행함
- **구휼** | 나라에서 재난을 당한 사람이나 가난한 사람에게 돈이나 물건을 지원해 주는 것

역사 지식

◆ **고국천왕**

179년~197년 동안 고구려를 다스린 제9대 왕이에요. 을파소의 능력을 알아보고 높은 벼슬을 주고 진대법을 실시했어요. 이 외에도 중국의 후한에서 고구려를 공격했을 때 무사히 막아 내고, 왕권을 뺏으려는 사람들을 제압하면서 나라의 기반을 튼튼히 다졌어요.

◆ **을파소**

시골에서만 생활하다가 추천을 받아 단번에 '국상'이라는 높은 자리에 올라 일했어요. 191년에 고구려 국상이 되어 12년간 임금을 섬기고 나라를 위해 일했어요. 고국천왕의 신임을 받으며 진대법을 실시하고 고구려를 살기 좋은 나라로 만들었어요.

◆ **진대법**

고구려에서 가난한 백성들에게 봄부터 가을까지 곡식을 빌려주고 곡식 수확이 끝난 겨울에 다시 갚게 하는 제도예요. 이후 고려에서는 의창, 조선에서는 환곡 등의 제도로 계속 이어졌어요.

똑똑한 백제 사람이라면 구구단 정도는 외워야지

구구단 목간 | 출처_국가유산청
2011년 충남 부여에서 발견된 목간의 당시 사진이에요.

어린이가 있는 집의 필수품, 구구단 표! 여러분 집에도 붙어 있었나요? 아니면 지금도 벽에 붙어 있어요?

백제에도 구구단 표가 있었다!

2011년에 충남 부여에서 붓글씨로 숫자를 잔뜩 써 놓은 길쭉한 **목간**이 발견됐어요. 이 목간은 처음에는 물건을 운송하면서 물품의 수량 등을 적은 꼬리표일 것으로 **추정했어요**. 하지만 전문가들이 **정밀** 분석해 보니, 목간에 삼사(34) 십이(12)와 같은 구구단 공식이 되풀이되는 것을 확인할 수 있었어요. 이 숫자 기록은 다름 아닌 6세기~7세기 백제에서 쓴 구구단 표였던 거예요!

9단부터 시작해야 똑똑해 보이지! 잘나가는 어른들의 수학 공식, 구구단

재미있는 사실이 있어요. 지금의 우리는 구구단을 외울 때 2×1=2, 2×2=4처럼 2단부터 시작하잖아요? 그런데 백제의 구구단은 9단을 가장 위에 썼고 아래로 갈수록 작은 숫자 단을 썼어요. 9단 다음에 8단, 8단 다음에 7단, 이런 식으로 2단까지 이어 써 놓았어요. 각 단 사이는 가로선을 그어 구분했고요. 쓴 방식도 독특해요. 같은 숫자가 반복되면 반복

부호(:)를 썼어요. 이를테면 9×9는 '9 : ', 8×8은 '8 : ' 등으로 표현한 것이죠. 또 9단 아래에 8단을 시작할 때 8×9=72라고 쓰지 않고 8×8=64로 시작했어요. 8×9=72는 9단의 9×8=72에서 이미 한 번 쓰였으므로 **중복된** 내용은 **생략해** 효율성을 높였어요.

전문가들은 백제의 구구단 방식은 중국과 일본에 비해 매우 **실용적**이고 전문적이라고 평가해요. 구구단을 그냥 적어 놓은 것이 아니라, 각 단을 구분하고 각 단의 공식을 쉽게 이해할 수 있도록 썼기 때문이에요. 백제의 구구단은 관리들이 세금용 곡식의 수량을 잴 때 계산기처럼 사용했을 것으로 추정돼요. 당시 백제 사람들은 구구단을 사용할 만큼 높은 수준의 수학 지식을 갖췄던 거예요!

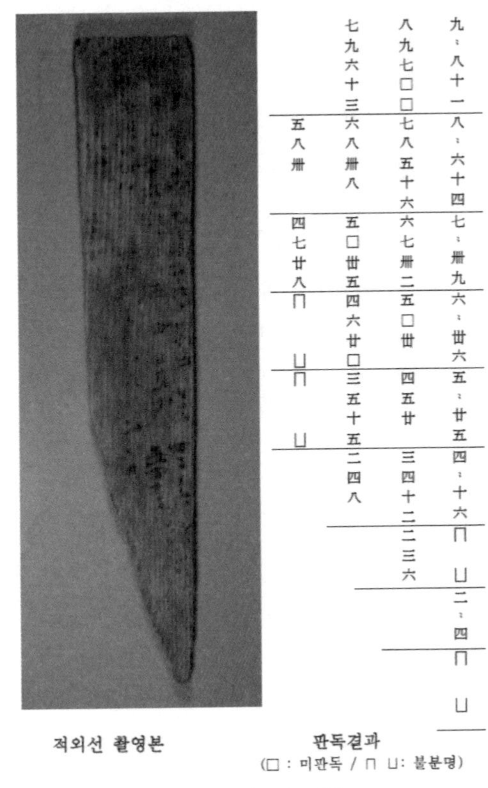

목간 촬영본과 판독 결과 | 출처_국가유산청
구구단 공식이 쓰여 있는 것을 확인할 수 있어요.

그동안 중국에서는 3세기 무렵, 일본에서는 7세기 후반 구구단 목간이 나왔지만, 우리나라 구구단 목간은 나오지 않아, 일본 학자들은 구구단은 한국을 거치지 않고 중국에서 일본으로 직접 가져온 것이라고 주장했어요. 그러나 백제 목간의 발견으로 한국이 일본보다 앞서 구구단을 사용했음이 밝혀졌어요.

역사 문해력 키우기

Q 목간에 쓰인 구구단 방식을 설명해 보세요. 백제 사람들은 왜 그렇게 썼을까요?

역사 상식

◆ **다음 빈칸을 채우세요.**

부여에서 발굴된 숫자가 잔뜩 쓰인 [ ][ ] 은 백제에서 쓴 구구단 표였어요.

◆ **맞으면 O, 틀리면 X 하세요.**

1. 백제 목간 속 구구단은 2단부터 쓰여 있었어요. [ ]
2. 백제 사람들이라면 누구나 구구단을 외우고 활용할 줄 알았어요. [ ]
3. 백제식 구구단은 각 단을 구분해서 써 놓았으므로 공식을 이해하기 쉬워요. [ ]

어휘 풀이

- **추정하다** | 미루어 생각하여 판단하고 정하다
- **정밀** | 아주 정확하고 꼼꼼하여 빈틈이 없고 자세함
- **중복되다** | 되풀이되거나 겹치다
- **생략하다** | 전체에서 일부분을 줄이거나 빼서 간단하게 만들다
- **실용적** | 실제로 쓸모가 있는 것

역사 지식

◆ **목간**

종이가 발명되기 전, 일정한 모양으로 깎아 만든 나무에 문서나 편지 등의 글을 기록한 것이에요. 종이가 없거나 쉽게 구할 수 없을 때, 간단한 정보를 쓰기 위해 주로 사용되다가 점차 사라졌어요.

"비나이다, 비나이다" 비가 오게 해 달라고 기도한 그곳은?

서기 6세기 뉴스 1 2 3 4 5 6 7 8 9 10

최근 MZ세대들의 핫플레이스로 떠오르고 있는 장소는 어디일까요? 바로 전통 시장입니다. 레트로 감성을 즐기는 MZ세대들의 관심이 전통 시장으로 향하면서 서울의 광장 시장, 망원 시장, 통인 시장 등이 큰 인기를 얻고 있어요. 낡은 모습을 벗어던지고 새로운 모습으로 단장한 시장들이 단번에 MZ세대들의 마음을 사로잡은 거죠!

그렇다면 시장은 언제 처음 생겨났을까요?

490년에 신라 소지왕은 신라 수도 경주에 **'경시'**라는 시장을 처음 만들었어요. 경시는 정부가 관리하고 감독하는 시장이었어요. 이후 지증왕은 509년에 '동시'라는 시장을 열고 시장을 감독하는 **관청**도 두었어요. 초기 시장은 가게 문을 여닫는 시간에서부터 상품 가격에까지 사사건건 국가의 간섭을 받았어요. 처음에는 시장에서 비싼 외제품을 팔았기 때문에 귀족들이 주 고객층이었지만, 시간이 점차 지나면서 다양한 물건과 손님을 확보하게 됐어요.

그런데 삼국 시대에는 **화폐**가 아직 없던 때잖아요? 시장에서 물건을 사려면 돈을 내고 물건을 사야 했을 텐데 사람들이 어떻게 물건을 샀을까요? 그 당시에 비록 화폐는 없었지만, 화폐 역할을 하는 물품들이 있었어요. 그 대표 주자는 바로 쌀이었죠. 사람들은 시장에 쌀을 가져가 필요한 물건으로 바꿔 왔어요. 한마디로 **물물 교환**을 한 거예요!

시장에서 물건도 사고팔고 비가 오게 해 달라고 기도도 했다는데요?

《삼국사기》에 "628년에 진평왕은 여름에 큰 가뭄이 들어 시장을 옮기고 용 그림을 그려 비가 내리기를 빌었다"라는 내용이 나와요. 물건을 사고파는 시장에서 **기우제**를 지낸다니, 뭔가 이상하지 않아요? 기우제는 제사를 지내는 **신성한** 곳에서 해야 할 것 같잖아요. 하지만 여기에는 그럴 만한 이유가 있어요. 고대 시장은 **제단** 근처에서 시작되었을 거라 **추정하거든요**. 제사를 지낼 때면 사람들이 많이 모였을 것이고 그때 물물교환도 쉽게 이루어져 자연스럽게 시장으로 발전했다고 보는 거죠.

사회와 경제가 발전하며 시장은 점차 **상업적**인 곳으로 변화해 갔어요. 하지만 기우제를 지낸다거나 왕의 말을 안 듣는 사람들을 **처형**하는 등 제단에서 하던 전통은 시장에서 계속 이어져 갔답니다.

역사 문해력 키우기

Q 시장에서 기우제를 지낸 이유가 뭐예요?

역사 상식

◆ **다음 빈칸을 채우세요.**

490년에 생긴 최초 시장의 이름은 ☐☐ 였어요.

◆ **맞으면 O, 틀리면 X 하세요.**

1. 최초 시장은 상인들이 자유롭게 만든 거였어요. ☐
2. 삼국 시대 시장에서는 화폐를 이용해 물건을 사고팔았어요. ☐
3. 시장에서 죄를 지은 사람을 벌주기도 했어요. ☐

어휘 풀이

- **관청** | 나라의 일을 맡아서 하는 기관
- **물물 교환** | 돈을 사용하지 않고 직접 물건과 물건을 바꾸는 일
- **기우제** | 오랫동안 비가 오지 않을 때 비가 내리기를 기도하면서 지내는 제사
- **신성하다** | 함부로 가까이할 수 없을 만큼 귀하고 위대하다
- **제단** | 제사를 지내는 단
- **추정하다** | 미루어 생각하여 판단하고 정하다
- **상업적** | 상품을 파는 경제 활동을 통해 이익을 얻는 것
- **처형** | 벌을 내리거나 사형을 시킴

역사 지식

◆ **경시**

역사 기록에 등장하는 최초의 시장으로, 신라 소지왕 12년 수도 경주에 경시를 열었어요. 《삼국사기》에 따르면 "소지왕 12년인 490년에 처음으로 시장을 열어 사방의 물화를 통하게 했다"라는 기록이 남아 있어요.

◆ **화폐**

상품과 교환할 수 있는 도구예요. 삼국 시대에는 곡식, 비단, 금, 은, 철 등을 화폐로 사용했어요. 지금과 같은 화폐는 고려 시대 '해동통보'라는 동전이 최초예요.

"음매~" 소가 해결사로 등장한 그때 그 시절

서기 6세기 뉴스 1 2 3 4 5 6 7 8 9 10

본격적인 **저출생·고령화** 사회로 접어들면서, 농촌에서는 일할 사람이 턱없이 부족하다고 합니다. 그렇다면 누가 농사를 짓고 있는 걸까요? 농촌 진흥청 자료에 따르면 논농사는 99퍼센트, 밭농사는 63퍼센트 이상 기계가 사람을 대신하고 있대요. 그런데 이 같은 **노동력** 부족 문제는 고대에도 마찬가지였다고 하는데요, 농사를 대신 지을 기계도 없었던 고대에는 이 문제를 어떻게 해결했을까요?

조선 시대 김홍도의 논갈이 | 출처_국립중앙박물관
소를 이용해 농사 짓는 모습이에요.

지금 생각하면 뻔하지만, 절대 뻔하지 않은 해결책, 그것은 바로

소였어요. 농사를 짓고 수확하는 데는 상당한 노동력이 필요한데요, 당시 부족한 노동력 문제의 해결사로 등장한 게 바로 소였던 겁니다. 《삼국사기》에는 신라 지증왕이 502년에 **우경법**을 시행했다고 쓰여 있어요. 우경법이란 소를 이용해 농사를 짓는 것으로, 부족한 노동력을 해결하기 위한 하나의 **방책**이었죠. 소는 사람과는

비교도 안 될 정도의 힘을 갖고 있어서 사람보다 훨씬 더 많은 일을 짧은 시간에 끝낼 수 있어요. 실제로 삼국 시대에 소를 농사에 이용해 **생산력**이 크게 늘었고요.

그런데 소를 농사에 처음 이용한 건 502년보다 더 앞선 시기였어요. 옛 고구려 지역에서 3세기~4세기경에 사용한 철제 **보습**이 발견됐거든요. 따라서 《삼국사기》에 남겨진 기록은 502년에 처음으로 소를 농사에 활용했다는 뜻으로 쓰였다기보다, 나라 차원에서 우경을 적극적으로 **장려하기** 시작한 때였다고 이해할 수 있어요.

농사를 지으려면 농기구도 필요했겠죠?

소를 농사에 이용하기 시작하면서 4세기~6세기에는 **쟁기**가 이용됐어요. 소가 쟁기를 끌어 논밭을 갈기 시작하면서 노동력을 크게 아낄 수

목제 쟁기 | 출처_한성백제박물관
2024년 서울 송파구에서 출토된 삼국 시대 목제 쟁기예요.

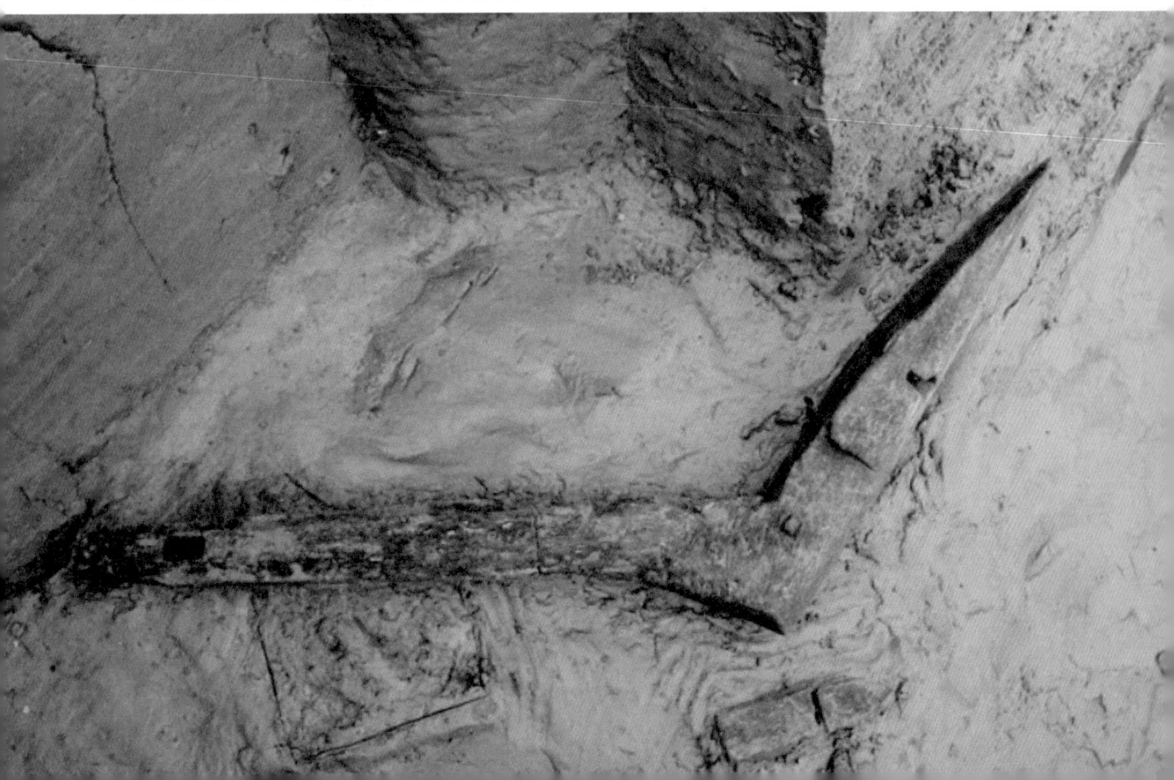

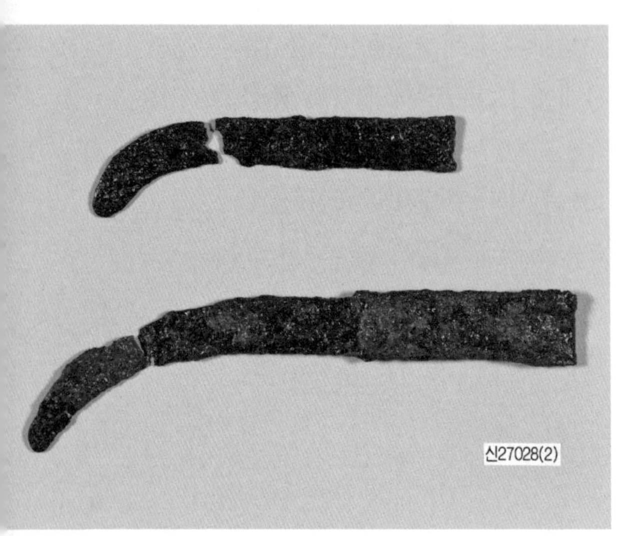

낫 | 출처_국립중앙박물관
백제 철제 농기구였던 쇠 낫이에요.

있었죠. 2024년 7월에는 서울 송파구 몽촌토성에서 삼국 시대 목제 쟁기가 4번째로 **출토됐어요**. 출토된 목제 쟁기는 전체적으로 공들여 다듬어 만든 것으로 단순한 농기구 이상의 의미를 지녔을 것으로 보여요.

또 쟁기 다음으로 큰 도움을 준 농기구는 낫이에요. 철기 시대부터 낫이 사용됐는데, 낫은 한꺼번에 여러 포기를 베어낼 수 있어 노동력을 줄이고 대량으로 수확을 가능하게 했어요.

철제 농기구가 만들어지기 시작하면서 **빈부 격차**가 심해졌어요. 당시에 철은 귀했기 때문에 철제 농기구는 권력을 가진 사람들이 주로 독차지했거든요. 또 철제 농기구를 이용하면 더 효율적으로 농사를 지을 수 있어 철제 농기구를 쓰지 않는 사람들보다 수확물이 더 많았죠. 농경으로 사람들이 굶주리지 않게 됐지만, 뜻하지 않게 빈부와 계급 차이가 크게 벌어지게 되었답니다.

역사 문해력 키우기

Q 철제 농기구를 사용하게 되면서 좋아진 점과 나빠진 점에 대해 이야기해 보세요.

역사 상식

◆ **다음 빈칸을 채우세요.**

지증왕은 502년에 [ ][ ][ ] 을 시행해, 소를 농사에 이용하도록 했어요.

◆ **맞으면 O, 틀리면 X 하세요.**

1. 우경법이 시행되면서 처음으로 소를 농사에 이용하기 시작했어요. [ ]
2. 쟁기는 소를 이용하기 전부터 줄곧 사용되어 온 농기구예요. [ ]
3. 철제 농기구를 사용하기 시작하면서 가난한 자와 부유한 사람의 차이가 크게 벌어졌어요. [ ]

어휘 풀이

- **저출생** | 한 사회에서 아이가 태어나는 비율이 낮은 현상
- **고령화** | 한 사회의 전체 인구 중에 노인의 인구 비율이 높아지는 것
- **노동력** | 일하는 데 쓰이는 사람의 능력
- **방책** | 어떤 일을 해결할 방법
- **생산력** | 생산을 할 수 있는 힘
- **보습** | 쟁기의 끝에 끼워 땅을 가는 데에 쓰는 삽 모양의 쇳조각
- **장려하다** | 좋은 일을 하도록 권하거나 북돋아 주다
- **쟁기** | 소나 말의 힘을 이용해 논밭을 가는 농기구
- **출토되다** | 땅속에 묻혀 있던 오래된 물건이 밖으로 나오게 되거나 파내어지다
- **빈부 격차** | 부자인 사람과 가난한 사람 사이의 경제적인 차이

역사 지식

◆ **우경법**

소를 이용해서 농사를 짓는 방법이에요. 우경법이 널리 퍼진 이후로 사람들은 농사를 짓기 훨씬 편해졌고 농민들의 삶의 질이 높아졌어요. 고구려 고분 벽화를 보면, 삼국 시대 때도 소를 다루는 기술이 지금과 거의 비슷하다는 걸 알 수 있어요.

26

경제

가난하면 세금은 조금만 내도 돼요

서기 **6세기** 뉴스 1 2 3 4 5 6 7 8 9 10

세금은 나라 살림에 꼭 필요한 돈인데요, 2024년에 나라 살림을 위해 거둬들인 세금이 목표했던 것보다 20조 원이나 부족할 것으로 예상된다고 합니다. 2024년에도 제대로 거두기가 힘든 세금! 지로 용지도 없고, 컴퓨터도 없던 삼국 시대에는 세금을 어떻게 거뒀을까요? 또 세금으로는 무엇을 냈을까요?

흉년이 들면 세금은 조금만

우리나라 최초의 세금은 고조선 때부터 있었지만, 삼국 시대에 들어서면서 세금 제도가 훨씬 더 체계화됐어요. 삼국 시대에는 '**조용조**'라는 제도를 바탕으로 세금을 걷었답니다. 첫 번째 글자 '조'는 가진 **토지**의 크기에 따라 곡식을 내는 것을 의미하고, 두 번째 글자 '용'은 백성의 노동력을 말해요. 왕궁, 산성 등을 지을 때 15세 이상 남자라면 대가 없이 일해야 했죠. 마지막 글자 '조'는 지역 **특산물**을 나라에 바치는 것을 뜻하고요.

그렇다면 삼국 시대에 세금은 얼마나 많이 냈을까요? 먼저 고구려는 집 크기를 세 가지로 나누어 세금을 내게 했어요. 큰 집은 1가마, 중간 집은 7말, 작은 집은 5말, 이렇게요. 백제와 신라의 세금 제도도 고구려와 거의 비슷했어요. 《삼국사기》에 따르면 "가뭄으로 흉년이 들어 1년간 **조세**와 **진상품**을 **면제해 줬다**"와 같은 내용이 쓰여 있어요. 이처럼 삼국 시대에는 빈부에 따라, 백성들의 상황에 따라 세금을 달리 **부과했답니다.**

그 옛날, 세금 관리는 어떻게 했을까?

주목할 만한 목간이 경북 경산에서 2019년에 발견됐어요. 목간은 글이 적힌 나뭇조각을 말해요. 이 목간은 6세기 신라 관리들이 **촌락**의 저수지와 **농토**를 관리하고 세금을 매긴 내용을 기록한 문서였어요. 논을 뜻하는 답(畓), 밭을 뜻하는 전(田) 등의 글자가 숫자와 함께 쓰인 것이 이를 뒷받침해 주었죠. 다듬어진 목간의 표면에는 94자의 한자가 쓰여 있었고 목간의 2개 면에는 글자를 연습한 흔적도 남겨져 있었어요. 이는 정식 문서를 쓰기 전에 연습한 것으로 **추정된대요.**

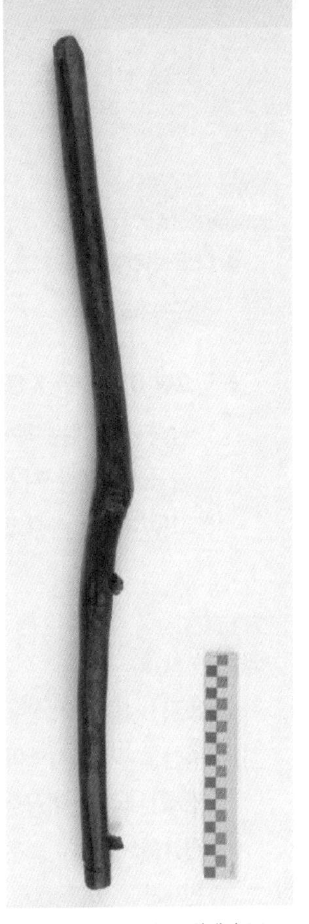

목간 | 출처_국립경주문화재연구소
2019년 경북 경산 소월리에서 발견된 목간이에요.

이 목간을 통해서 6세기 초 신라 중앙 정부가 지방 농토를 관리하고 넓이를 재서 세금 제도의 기초를 마련했음을 알 수 있어요. 신라는 통일 이전에 나라 경영의 기초를 이미 다지고 있었던 거예요.

甘末谷畓七(?)□堤上一結

목간 적외선 촬영 사진
출처_국립경주문화재연구소
2019년 경북 경산 소월리에서 발굴된 목간의 적외선 촬영 사진이에요.

역사 문해력 키우기

Q 삼국 시대 세금 제도에서 좋은 점과 나쁜 점을 하나씩 골라 이야기해 보세요.

역사 상식

◆ **다음 빈칸을 채우세요.**

삼국 시대에는 [| |] 제도를 바탕으로 세금을 걷었어요.

◆ **맞으면 O, 틀리면 X 하세요.**

1. 삼국 시대에는 백성의 노동력도 세금에 포함됐어요. [ ]
2. 삼국 시대에는 자연재해로 흉년이 들었다고 해서 세금을 면제해 주진 않았어요. [ ]
3. 고구려에서는 큰 집에 사는 사람에게 곡식을 더 많이 거뒀어요. [ ]

어휘 풀이

- **토지** | 사람들이 생활하고 활동하는 데 이용하는 땅
- **특산물** | 어떤 지역에서 특별히 생산되는 물건
- **조세** | 나라를 이끌어 가는 데 필요하여 국민에게서 거두어들이는 돈
- **진상품** | 왕이나 높은 관리에게 바치는 물품
- **면제하다** | 책임에서 벗어나게 하다
- **부과하다** | 세금이나 벌금 등을 매겨서 내게 하다
- **촌락** | 주로 시골에서 여러 집들이 모여 사는 장소
- **농토** | 농사짓는 땅
- **추정되다** | 미루어 생각하여 판단하고 정해지다

역사 지식

◆ **조용조**

백성에게서 곡식, 노동력, 특산품을 거두어들이는 제도예요. 중국 당나라 때 완성되어 우리나라로 들어왔어요. 삼국 시대 이후로 고려와 조선에서도 이어졌어요.

화폐가 없는데 월급은 뭐로 받지

2024년을 살아가는 사람들이 일한 대가로 돈을 받는 것은 너무나 당연한 일입니다. 그런데 만약 돈이 없는 세상이라면 어떨까요? 일을 하긴 했는데 화폐가 없으니 받을 수 있는 돈이 없다? 이거 어쩐지 억울한데요, 우리나라에 화폐가 없었던 때 사람들은 일한 대가로 무엇을 어떻게 받았을까요?

돈 대신 받은 그것은

일단 나라에서는 신하들에게 '**녹읍**'이라는 것을 줬어요. 돈은 아니었을 테고, 그렇다면 녹읍은 무엇이었을까요? 녹읍이란, 나라에서 귀족 관료에게 준 토지에서 얻을 수 있는 모든 경제적 **특권**을 말해요. 다시 말해 해당 토지에서 세금도 걷고 노동력과 **공물**을 얻을 수 있는 권리를 뜻해요. 어떤가요? 매달 정해진 월급을 꼬박꼬박 받는 것보다 이것저것 다 얻을 수 있는 녹읍이 귀족들에겐 훨씬 더 매력적이지 않았을까요? 아무래도 **신문왕**은 이걸 눈치챈 모양이에요. 689년에 녹읍을 없애 버렸거든요. 그 대신 2년 전부터 시행했던 **관료전**을 **지급하고** 해마다 '**조**'라는 것도 제공했어요. 관료전은 해당 토지에서 일정량의 **수확물**만 거둘 수 있는 권리고요, 조는 관리들에게 주는 일종의 **보수**인데, 나라가 백성들로부터 물품을 걷은 후 관료들에게 등급에 따라 나눠 주는 거예요. '조'는 초기에는 1년에 한 번 지급되다가 나중에는 매달 지급되었어요. 지금의 월급

| 신라 31대 신문왕 무덤 (경상북도 경주시 배반동)

과 비슷한 개념으로 볼 수 있겠어요. 한편 722년(성덕왕 21년)에는 일반 백성들에게 **정전**, 즉 토지가 처음으로 지급되었다는 기록도 전해집니다.

내 녹읍 돌려줘, 돌려줘!

녹읍제가 **폐지되고** 난 후 귀족들의 경제적 이득은 크게 줄어듭니다. 신문왕은 귀족들의 소득을 왜 대폭 줄여 버렸을까요? 삼국을 통일한 아버지 문무왕을 이어 왕이 된 신문왕은 먼저 넓어진 영토와 증가한 인구를 효율적으로 다스리기 위해 **왕권**을 **강화**해야 한다고 생각했어요. 그러기 위해선 귀족들이 가진 경제력, 군사력을 약하게 만들어야 했고, 이 과정에서 녹읍제가 폐지된 거예요.

그러나 귀족들은 가만히 당하고만 있진 않았어요. 귀족들의 강한 반발 끝에 757년에 폐지됐던 녹읍제가 70년 만에 되살아납니다. 귀족들은 토지에 대한 노동력과 공물을 통해 경제력을 다시 키워 나가기 시작했죠. 시간이 갈수록 귀족들의 노동력 **착취**가 심해졌고 백성들의 고통은 날로 커져만 가, 결국 신라는 힘을 잃고 맙니다.

역사 문해력 키우기

Q 여러분이 통일 신라 시대 귀족 관료였다면 신문왕의 녹읍 폐지에 대해 찬성했을까요? 아니면 반대했을까요? 한 가지 입장을 정하고 이유를 들어 주장해 보세요.

역사 상식

◆ **다음 빈칸을 채우세요.**

신문왕은 689년에 귀족 관료들의 경제적 특권이었던 [ ][ ] 을 폐지했어요.

◆ **맞으면 O, 틀리면 X 하세요.**

1. 신문왕은 귀족들에게 '조'라고 하는 것을 관료 등급에 따라 지급했어요. [ ]
2. 신문왕은 왕권을 강화하기 위해 녹읍제를 없앴어요. [ ]
3. 녹읍제가 다시 생겨나 귀족들의 경제력이 커지면서 신라는 더 강한 나라가 됐어요. [ ]

어휘 풀이

- **특권** | 특별한 권리
- **공물** | 옛날에 백성이 나라에 세금으로 바치던 특산물
- **관료전** | 관료들이 해당 토지에서 일정량의 수확물을 거두어 갈 수 있는 제도
- **지급하다** | 돈이나 물건 등을 정해진 만큼 내주다
- **조** | 백성이 수확한 농산물을 나라에서 걷은 뒤 관료마다 차이를 두고 나누어 주던 일
- **수확물** | 거두어들인 농작물
- **보수** | 일이나 노력의 대가로 받는 돈이나 물건
- **폐지되다** | 실시되던 제도나 일 등이 그만두어지거나 없어지다
- **왕권** | 임금이 가지고 있는 힘이나 권리
- **강화** | 힘을 더 강하게 하는 것
- **착취** | 정당한 대가를 주지 않고 빼앗아 이용함

역사 지식

◆ **녹읍**

신라 시대 때 관료에게 일한 대가로 주었던 것이에요. 녹읍에는 논밭과 그 논밭에 딸린 노동력, 공물까지 모두 포함되었어요. 녹읍을 가진 귀족의 권력은 점점 강해지고 반대로 왕권은 약해졌어요.

◆ **신문왕**

681년~692년 동안 통일 신라를 다스린 제31대 왕이에요. 강해진 귀족들의 권력을 제압하기 위해 녹읍을 폐지하고 대신 관료전과 조를 지급했어요. 또, 군대를 갖추어 왕권을 강화했어요.

◆ **정전**

통일 신라 때 일부 백성들에게 토지를 나누어 주던 제도예요. 정전의 '정'은 16세에서 59세까지의 남자를 말해요.

"어머, 이건 꼭 사야 해" 통일 신라 시대 '핫템'은 이것!

2024년 한국과 외국 소비자들의 지갑을 활짝 열게 한 곳이 있어요. 물건의 품질, 디자인이 좋은 데다 가격까지 저렴해 소비자들의 마음을 사로잡은 곳, 바로 다이소입니다. 한국을 방문한 외국인들은 다이소에서 다양한 물품들을 이것저것 다 쓸어 간다는데요, 사실 외국인들의 한국 물건 사랑은 오래됐어요. 8세기~9세기 때부터 신라 **교역품**이 아시아 사람들의 마음을 사로잡았거든요!

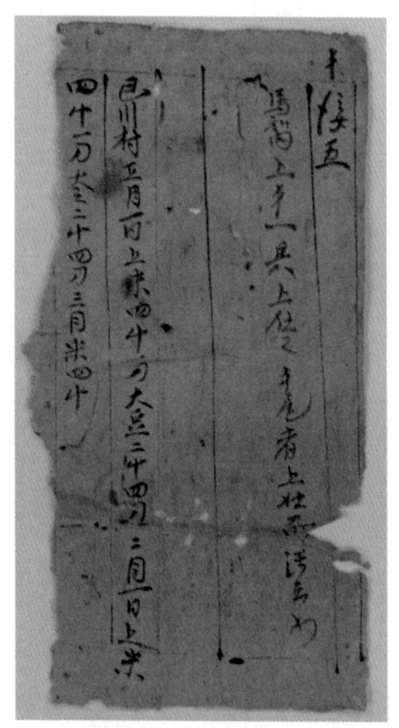

매신라물해 | 출처_일본 정창원
일본 귀족들이 사고 싶은 신라 물품과 수량을 기록한 문서예요.

'메이드 인 신라'라면 믿고 살 수 있지!

752년에 700여 명의 신라 **사절단**이 일본을 방문한 일이 있었어요. 당시 사절단으로 간 신라 상인들은 다양한 신라 물품을 들고 갔어요. 그 물품들로는 고급스러운 신라 **놋그릇**과 식기, 인삼과 같은 약초, 황금, **모전**, 가죽 제품과 더불어 중국 시장이나 아라비아 상인에게서 구한 화장품, 향료 등이 있었어요. 상인들이 **진귀한** 물건들을 내놓자, 일본 귀족들은 그만 신라 물건에 **매료되고** 말아요. 일본 귀족들이 사고 싶은 신라 물품과 수량 등을 기록한 문서 **'매신라물해'**도 발견돼 그 당시 신라 물건의 인기를 가늠해 볼 수 있어요.

신라는 당시 핫한 물건을 잘 만들어 내기로 유명했어요. 신라가 만든 대표적인 인기 상품으로는 놋그릇이 있었어요. 놋그릇은 일본과 중국을 포함한 동아시아 인기 상품이었죠. 또 신라산 양탄자인 모전도 인기가 많았어요. **양모**를 수입해서 신라에서 모전을 직접 만들었는데, 품질이 매우 뛰어나서 일본 황실과 귀족들에게 큰 인기를 끌었어요.

신라 놋그릇 | 출처_일본 정창원 소장
신라 사절단이 일본에 가져간 고급스러운 신라 놋그릇이에요.

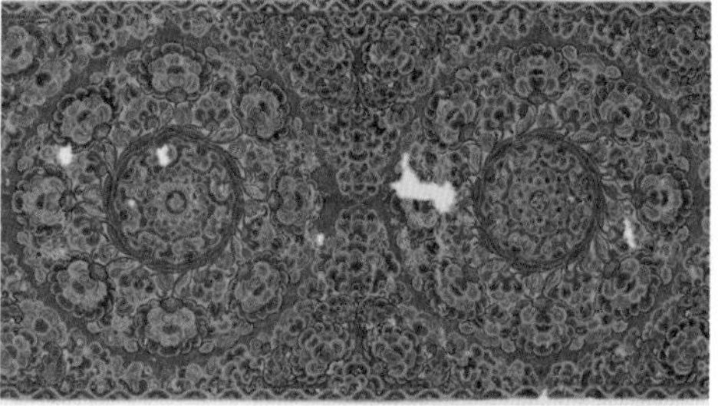

신라산 양탄자 | 출처_일본 정창원 소장
일본 황실과 귀족들에게 큰 인기를 끌었어요.

신라는 예쁜 물건 알아보기 센스도 일등!

신라에서 1만 킬로미터나 떨어진 베네치아산 로만 글라스가 신라 **능묘**에서 **출토되기도** 했는데요, **발굴된** 유리그릇은 보기 드물게 아름다운 색과 모양이었어요. 이 유리그릇들은 이집트, 시리아, 팔레스타인 지역, 중앙아시아 등 상당히 다양한 지역에서 만들어졌을 것으로 **추정하고** 있어요. 이는 신라가 머나먼 나라들에서 유리그릇을 가져왔다는 걸 보여주죠! 지금 봐도 아름다운 그릇을 알아보고 수입해 왔다는 점에서 당시 신라 사람들의 높은 **미적 감각**도 짐작해 볼 수 있어요. 이처럼 신라는 수준 높은 물품을 생산해 수출하기도 하고, 또 먼 곳에서 아름다운 물품을

유리그릇 | 출처_국립경주박물관 누리집
신라 능묘에서 출토된 유리 그릇이에요.

가져오기도 했어요.

8세기 무렵 동아시아의 무역 활동이 활발해지면서 '**장보고**'라는 인물이 화려하게 등장합니다. 나라 간 무역이 활발하게 이루어지자, 해적이 자주 **출몰하게** 됐어요. 이에 장보고는 지금의 완도에 **청해진**을 설치해 해적을 없애고 신라, 당나라, 일본 삼국의 항로를 잇는 해상 무역권을 **장악했어요**. 또한 당나라와의 **교류**로 신라인들이 당나라에서 활발하게 활동하게 되면서 중국 동해안 지역에 **신라방**이라고 불리는 신라 사람들의 거주지도 생기게 되었답니다.

역사 문해력 키우기

Q 여러분이 통일 신라 시대에 살고 있다면 신라의 어떤 물건을 사고 싶을 것 같아요? 그 이유는 뭐예요?

역사 상식

◆ **다음 빈칸을 채우세요.**

통일 신라 시대 해적을 없애고 해상 무역권을 장악했던 인물은 [| |] 예요.

◆ **맞으면 O, 틀리면 X 하세요.**

1. 통일 신라 시대에 신라에서 만든 물품은 주변 나라에 인기가 많았어요. [ ]
2. 신라는 수입보다는 수출에 더 많은 노력을 기울였어요. [ ]
3. 당나라와 교류가 활발해져 당나라에 신라인이 주로 사는 장소가 생겼어요. [ ]

어휘 풀이

- **교역품** | 나라와 나랑 사이에 서로 사고판 물건
- **사절단** | 나라를 대표하여 어떤 일을 맡고 다른 나라에 가는 사람들의 무리
- **놋그릇** | 놋쇠로 만든 그릇
- **모전** | 동물의 털로 만들어 두툼하고 부드러운 깔개
- **진귀하다** | 보기 드물게 귀하다
- **매료되다** | 매우 끌려서 마음을 빼앗기다
- **양모** | 양의 털
- **능묘** | 임금이나 왕비의 무덤
- **출토되다** | 땅속에 묻혀 있던 오래된 물건이 밖으로 나오게 되거나 파내어지다
- **발굴되다** | 땅속에 묻혀 있던 것이 찾아져 파내지다
- **추정하다** | 미루어 생각하여 판단하고 정하다
- **미적 감각** | 아름다움을 아는 능력
- **출몰하다** | 나타났다 사라졌다 하다
- **청해진** | 해적을 없애고 무역의 중심지로 만들기 위해 장보고가 만든 기지
- **장악하다** | 마음대로 할 수 있게 휘어잡다
- **교류** | 문화나 생각 등을 서로 주고받는 것

역사 지식

◆ 매신라물해

752년 일본 왕족과 귀족들이 신라 사절단이 가져온 물건들을 사기 위해 담당 관청에 제출한 구입 신청서예요. 그 당시 무역 상황을 알 수 있는 귀한 자료예요.

◆ 장보고

완도에 청해진을 설치해서 해적을 없애고 신라와 당나라, 일본 사이의 해상 무역을 이끈 장군이에요. 어릴 때부터 무술에 뛰어났지만 귀족이 아니었기 때문에, 신분제가 명확했던 신라를 떠나 당나라로 가요. 하지만 당나라 해적에게 붙잡혀 노예로 끌려오는 신라 사람들을 보고는 신라 왕에게 이 사실을 알리고, 청해진 설치를 건의했어요. 왕은 이를 허락했고 그 이후 장보고는 해적을 물리치고 해상 무역권을 장악했어요.

◆ 신라방

당나라의 동해안 쪽에서 신라 사람들이 모여 살던 곳이에요. 상인, 유학생, 스님 등 다양한 사람들이 섞여 살았어요.

"뽕나무 한 그루도 놓칠 순 없어!" 통일 신라 사람들이 빼곡하게 써 놓은 그것은?

우리나라에서는 5년마다 인구 주택 총조사를 시행해요. 인구 주택 총조사에서는 인구, **가구**, 주택 등에 관한 정보를 조사하는데요, 이것을 하는 이유는 조사 결과를 바탕으로 주택, 일자리, 복지 등 주요 **정책**을 만들기 위해서예요. 사회를 발전시키기 위해서 꼭 필요한 조사죠! 그렇다면 고대 국가에서도 필요했을 텐데 그들은 인구 조사를 했을까요? 했다면 어떤 내용을 조사했을까요? 왜 했을까요?

불경을 싼 종이에 깨알같이 쓰여 있던 글의 정체

때는 1933년 10월, 일본 왕실의 보물 창고인 나라현 도다이지 쇼소인에 있던 **화엄경**론 책자 표지를 수리하던 중, **불경**을 감싸고 있던 의미심장한 종이가 발견됩니다. 이 종이는 바로 **신라 촌락 문서**였어요. 고대에는 한 번 사용한 종이를 불경 포장지로 쓰기도 했는데요, 불경을

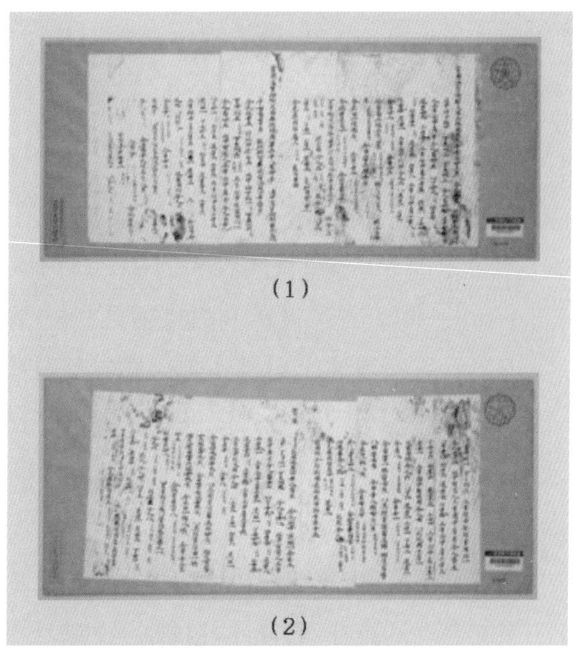

신라 촌락 문서 | 출처_일본 가쿠슈인대학교 동양문화연구소 소장
1933년에 일본의 나라현 도다이지 쇼소인에서 발견된 신라 촌락 문서예요.

싸 둔 이 종이에 신라 촌락의 경제 상황이 기록돼 있었던 거예요. 두 장짜리 종이에는 지금의 청주 부근 4개 촌락의 이름, **토지**, 노비를 포함한 남녀 인구수, 소, 말의 숫자, 뽕나무 수까지 자세히 쓰여 있었어요. 4개 마을 43가구에 소 53마리, 말 61마리를 키운다는 등의 기록이 적혀 있었죠. 신라 촌락 문서는 현재 우리나라에 있는 가장 오래된 토지 문서로 통일 신라 시기에 지방을 어떻게 **통치했는지**, 당시 경제생활이 어땠는지를 보여 주는 귀중한 자료예요.

이렇게 꼼꼼하게 기록한 까닭은

신라 촌락 문서를 이토록 열심히 작성한 까닭은 국가에 필요한 노동력과 세금을 잘 거두기 위해서였어요. 노동력과 땅이 얼마나 많이 있는지, 나무에서 나오는 열매는 얼마나 되는지 등을 상세히 알아야 세금을 잘 거둘 수 있으니까요.

먼저 문서에는 사람 수를 가장 자세히 기록해 놓았어요. 전체 인구수뿐만 아니라 3년 사이의 변동 사항, 이를테면 출생, 사망, 이동한 인구도 표기돼 있고요. 사람들을 나이와 성별로 구분해 놓았는데요, 성인과 미성년자, 나라에서 시키는 일을 안 해도 되는 나이의 사람들, 노인들로 자세히 나누었어요. 나이에 따라 나눈 것은 나랏일에 부를 수 있는 사람들을 관리하기 위해서예요. 또한 문서에는 논과 밭 등의 토지 전체 넓이가 기록돼 있었어요. 나무는 뽕나무, 잣나무 등이 기록돼 있는데, 나무 열매도 세금을 내야 할 대상이었기 때문에 나무 개수를 기록한 것으로 보여요.

신라 촌락 문서에는 3년을 주기로 전체 인구수, 소와 말의 수, 나무 수의 변화가 꼼꼼히 작성돼 있어, 당시 다양한 정보의 증가와 감소 정도를 자세히 알 수 있어요. 신라 정부가 삼국 통일 이후 **왕권**을 **강화**하고 지방

| 일본 나라현 도다이지 쇼소인 전경 | 출처_일본 정창원

을 잘 다스리기 위해 어떤 노력을 했는지 신라 촌락 문서를 통해 생생하게 엿볼 수 있답니다.

역사 문해력 키우기

Q 신라 촌락 문서에는 어떤 내용이 기록돼 있었어요? 당시 사람들은 그것을 왜 열심히 기록했어요? 내용을 잘 정리해서 설명해 보세요.

역사 상식

◆ 다음 빈칸을 채우세요.

촌락의 경제 상황과 세금 제도 운영을 잘 보여 주는 통일 신라의 대표적인 문서는 □□□□□□예요.

◆ 맞으면 O, 틀리면 X 하세요.

1. 신라 촌락 문서를 보면 통일 신라 시기의 경제생활을 짐작할 수 있어요. □
2. 신라 촌락 문서를 통해서는 인구가 줄었는지, 늘었는지는 알 수 없어요. □
3. 신라 정부는 세금을 잘 거두기 위해 신라 촌락 문서를 열심히 작성했어요. □

어휘 풀이

- **가구** | 한집에서 함께 사는 사람들의 집단
- **정책** | 나라를 바르게 다스리기 위해 사용하는 방법
- **화엄경** | 석가모니가 깨달은 내용을 풀어 쓴 문구
- **불경** | 불교의 기본 원리와 가르침을 적어 놓은 책
- **토지** | 사람의 생활과 활동에 이용하는 땅
- **통치하다** | 나라나 지역을 맡아 다스리다
- **왕권** | 임금이 가지고 있는 힘이나 권리
- **강화** | 힘을 더 강하게 하는 것

역사 지식

◆ 신라 촌락 문서

일본에서 발견된 신라 시대의 촌락에 관한 자세한 문서예요. 신라장적, 신라 민정 문서라고도 해요. 세금을 잘 거두기 위해 집마다 상상(上上)에서 하하(下下)까지 9등급 중 하나의 등급을 매겨 두었어요. 신라 시대에 사람들이 어떻게 살았는지 생생하게 알 수 있는 아주 귀한 자료예요.

과학

30 뿔 달린 칼의 미스터리, 백제 칠지도 이야기
31 귀족이라면 바닥에 앉을 순 없지! 삼국 시대 온돌은 하층민의 것
32 삼국 시대에도 기상청이 있었다?
33 철의 왕국, 가야에는 여전사가 있었다
34 삼국 시대 결혼 선물로는 된장이 최고지
35 백제판 최신식 냉장고 한번 보고 갈래요?
36 타임캡슐 타고 신라로 여행을 간다면, 우린 아마 '여기'를 구경했을 거야
37 북소리가 들리면 집으로 돌아가세요
38 베르사유 궁전에도 없던 화장실이 통일 신라에는 있었다는 사실을 아십니까?
39 공든 탑은 무너지지 않는다

30

과학

뿔 달린 칼의 미스터리, 백제 칠지도 이야기

서기 4세기 뉴스 1 2 3 4 5 6 7 8 9 10

칠지도를 소장하고 있는 이소노카미 신궁이에요.

'이 상자를 함부로 열면 저주를 받는다….'

일본의 이소노카미 신궁에는 이런 섬뜩한 전설이 있었어요. 신궁에는 실제로 1,500년 동안 아무도 열어 보지 않은 비밀 상자가 있었어요. 이 상자에는 여섯 개의 뿔이 달린 신기한 **검**이 들어 있다는 이야기도 함께 전해져 왔지요.

"열면 저주받는다는데, 누가 감히 열 수 있었겠어요?"

하지만 지금으로부터 150년 전에 비밀스러운 보물 상자가 열렸어요. 이소노카미 신궁의 책임자가 비밀의 상자를 열어 본 거예요. 떨리는 손으로 상자를 열어 보니, 그 속에는 길이 74.8센티미터의 칼이 들어 있었어요. 그런데 칼 모양이 굉장히 독특했어요. 우리가 흔히 생각하는 칼 모양과는 달리, 양쪽 칼날 부분에 사슴뿔 같은 세 개의 가지가 솟아 있어,

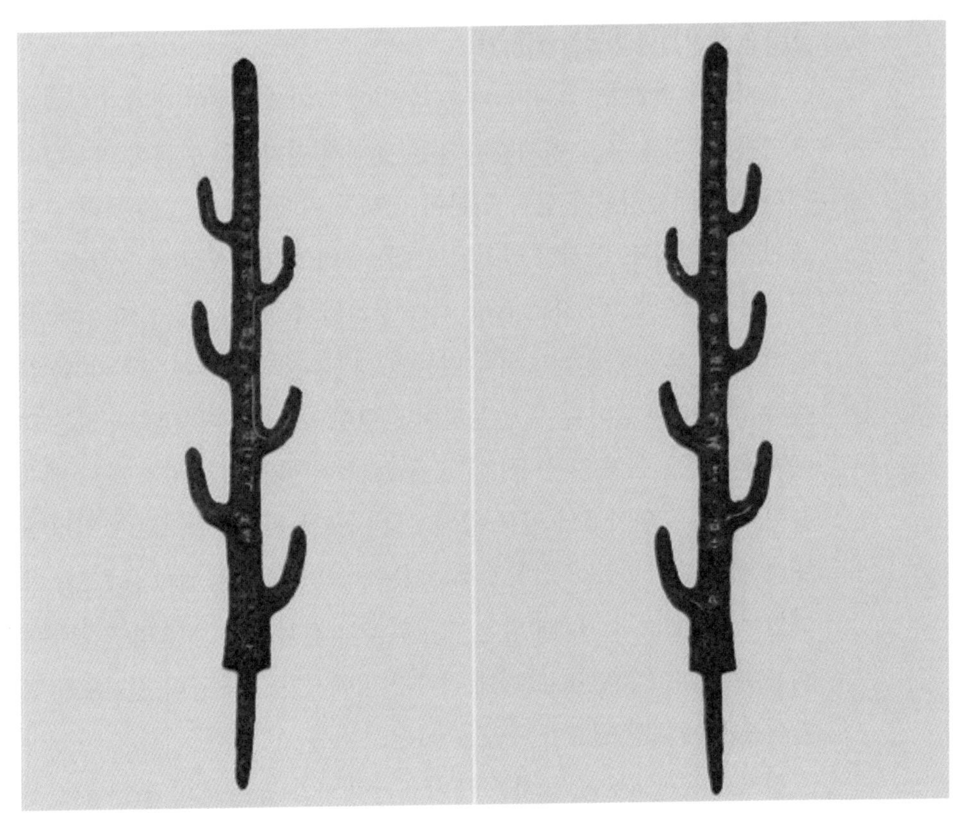

칠지도 재현 | 출처_한성백제박물관
칠지도의 앞면과 뒷면이에요.

마치 여섯 개 가지가 달린 나무처럼 보였거든요. 칼날을 **고정하는** 장치가 없었기 때문에 이 칼은 싸움이 아닌 **주술**과 같은 특별한 **용도**로 만들어진 것으로 **추정됐어요**. 또 관리자가 녹슨 칼을 닦던 중, 금으로 새겨진 '칠지도'라는 글을 발견하게 되면서 칼의 이름도 알게 됐어요. 칠지도는 좌우 여섯 개 가지와 몸체까지 모두 7개 가지를 가진 칼이라는 뜻이에요. 또한 칠지도에는 백제 왕이라는 글자도 새겨져 있었기 때문에, 백제에서 만들어 일본에 전달했다는 사실도 알게 됐고요.

고대 한일 관계의 비밀을 풀어라!

칠지도는 한쪽 면에 34자, 다른 쪽 면에 27자의 **명문**이 새겨져 있었어요. 일본은 이를 보고 백제왕이 일본 왕에게 칠지도를 만들어 바쳤다고 해석했어요. 칠지도가 당시 일본이 백제를 지배했다는 것을 보여 주는 증거라고 말이죠. 하지만 발견된 칼에는 "백 번이나 단련한 철로 된 칠지도를 만들었다. 이 칼로 온갖 적을 물리칠 수 있다. 지금까지 이런 칼은 없었다. 왜왕에게 주기 위해 만들었으니 후세에 전하여 보이라"와 같은 문장이 쓰여 있어요. 모든 문장이 명령형으로 이루어져 있고, 일본 왕에게 **존대어**를 쓰지 않은 글! 이 글을 보니 어떤가요? 아무리 봐도 백제왕이 더 높은 위치에서 일본 왕에게 칠지도를 **하사한** 것으로 보입니다. 또한 칠지도가 만들어졌다고 추정되는 369년 무렵은 백제 **근초고왕** 시대였어요. 그 당시 근초고왕은 고구려와의 전쟁에서 큰 승리를 거두며 힘을 키워 가고 있었죠. 그렇게 잘나가던 백제가 그때 굳이 칠지도를 만들어 일본에 바칠 필요가 있었을까요?

칠지도를 살펴보면, 글자를 새기고 글씨마다 금을 메워 놓았어요. 이건 보통 기술이 아니거든요. 그 당시에는 나라 발전에 가장 중요한 기술이 철로 무기를 만드는 것이었는데, 칠지도를 보면 백제가 일본보다 철을 다루는 기술에서 월등히 앞서 있단 걸 알 수 있답니다.

역사 문해력 키우기

Q 고대 일본과 백제는 어떤 사이였을까요? 칠지도로 추측해서 이야기해 보세요.

역사 상식

◆ **다음 빈칸을 채우세요.**

[ ][ ][ ] 는 백제 왕이 일본 왕에게 준 칼로, 양쪽 칼날에 가지 같은 작은 칼이 3개씩 나와 있어요.

◆ **맞으면 O, 틀리면 X 하세요.**

1. 칠지도는 당시 흔히 볼 수 있는 모양의 칼이에요. [ ]
2. 칠지도는 전쟁에서 싸움을 하기 위해 만들어진 칼로 추정돼요. [ ]
3. 칠지도를 통해 당시 백제의 철 기술을 상당히 뛰어났음을 알 수 있어요. [ ]

어휘 풀이

- **검** | 무기로 쓰는 크고 긴 칼
- **고정하다** | 한곳에서 움직이지 않게 하다
- **주술** | 불행을 막거나 원하는 일을 이루기 위해 주문을 외거나 신비한 기술을 부리는 일
- **용도** | 쓰이는 곳이나 목적
- **추정되다** | 미루어 생각하여 판단하고 정해지다
- **명문** | 매우 잘 쓴, 좋은 글
- **존대어** | 사람이나 사물을 높여서 말할 때 쓰는 말
- **하사하다** | 왕이나 윗사람이 신하나 아랫사람에게 물건을 주다

역사 지식

◆ **근초고왕**

346년~375년 동안 백제를 다스린 제13대 왕이에요. 백제 역사상 가장 넓은 영토를 차지하고 왕의 권력을 키우며 백제의 기반을 다졌어요. 고구려, 신라, 가야에 백제의 강한 힘을 보여 주었을 뿐만 아니라, 칠지도를 통해서 일본에까지 이름을 떨쳤다는 사실을 알 수 있어요.

귀족이라면 바닥에 앉을 순 없지! 삼국 시대 온돌은 하층민의 것

최근 조립식으로 개발된 한국 **온돌** 매트가 미국 난방용품 시장에서도 큰 인기를 얻으며 전 세계로 퍼져 나가고 있어요. 21세기에 세계적인 관심을 받고 있는 우리 전통 난방 방식인 온돌! 온돌은 누가, 언제부터 썼을까요?

위) 무용총 고분 벽화
무덤 주인의 입식 생활을 볼 수 있어요.
아래) 무용총 손님 접대도 모사도 | 출처_국립문화재연구소

뜨뜻한 온돌, 좋은 건 귀족들이 먼저 썼을 것 같지만

삼국 시대에 온돌은 **하층민**의 것이었어요. 온돌은 바닥을 따뜻하게 덥히는 난방 방식이니, 바닥에 앉아 생활하는 것이 온돌에 적합했겠죠? 그런데 삼국 시대에는 **좌식** 생활은 하층민의 생활 방식이라 여겼어요. 따라서 귀족들은 온돌을 사용하지 않고, 그 대신 화로로 방을 따뜻하게 했답니다.

온돌은 삼국 시대까지 하층민들만 썼고, 고려 시대부터 점차 **상류층**으로 퍼져 나가 조선 시대가 되어서는 궁궐에서까지 쓰게 됐어요. 보통 문화는 상류층이 누리는 문화가 하위 계층으로 뻗어 가게 마련인데, 특이하게도 온돌은 하층민으로부터 시작해 궁궐로까지 퍼져 나간 거예요.

온돌은 어떻게 만들어 썼을까?

삼국 시대 온돌은 **아궁이**에서 불을 땔 때 생긴 열기가 방바닥을 지나가며 방을 데우는 방식이었어요. 밥을 지을 때 아궁이에 불을 지피며 생긴 열기로 온돌을 사용한 장면을 생생하게 보여 주는 **벽화**가 있어요. 바

고구려 안악 3호 고분 벽화 | 출처_국가유산청
당시 부엌의 모습을 볼 수 있어요.

로 고구려 **고분** 안악 3호분 벽화입니다. 이 벽화에는 아궁이에다 불을 지피며 음식을 만들고 있는 여자들의 모습이 생동감 있게 그려져 있어요. 이는 고구려 때 아궁이 열기로 온돌을 사용했다는 걸 보여 주죠. 중국 당나라 역사책에도 '고구려 사람들은 겨울에 긴 구들 아래 불을 지펴 방을 따뜻하게 하였다'라고 쓰여 있어요. 다만 초기 온돌은 'ㅡ' 자나 'ㄱ' 자 모양으로 방의 일부분만을 데우는 방식이었어요. 따라서 삼국시대 온돌은 방 전체가 뜨끈뜨끈해지는 요즘의 온돌방과 같지는 않았을 거예요.

발견된 온돌 **유적**으로 미루어 볼 때 온돌 문화는 2,000년 이상 된 것으로 **추정됩니다**. 무엇보다 온돌은 서양식 벽난로보다 훨씬 더 경제적이고 위생적인 난방 방식이었어요. 벽난로는 불이 꺼지자마자 열이 바로 사라지지만, 온돌은 불이 다 탄 후에도 **구들장**에 열이 오래도록 남기 때문이에요. 또 벽난로와 달리 온돌은 실내로 연기가 들어오지 않아 공기를 더럽히지 않죠. 온돌이 21세기에 전 세계인의 관심과 사랑을 받게 된 데에는 다 이유가 있었던 거예요.

역사 문해력 키우기

Q 온돌은 하층민이 쓰던 것이었는데, 왜 왕족에게로 퍼져 나갔을까요?

역사 상식

◆ **다음 빈칸을 채우세요.**

아궁이에서 불을 땔 때 생긴 열기로 바닥을 데우는 한국 전통 난방 방식을 ☐☐이라고 불러요.

◆ **맞으면 O, 틀리면 X 하세요.**

1. 삼국 시대부터 귀족들은 온돌을 사용해 따뜻하게 생활했어요. ☐
2. 초기의 온돌은 방 전체가 아니라 일부분만 데울 수 있었어요. ☐
3. 온돌은 서양식 벽난로보다 열기가 더 오래 남아 효율적이었어요. ☐

어휘 풀이

- **하층민** | 계급이나 신분, 생활 수준 등이 낮은 사람
- **좌식** | 집안에서 바닥에 앉아 생활하는 방식
- **상류층** | 계급이나 신분, 생활 수준 등이 높은 사람들
- **아궁이** | 방이나 솥 등에 불을 때기 위해 만든 구멍
- **벽화** | 건물이나 동굴, 무덤 등의 벽에 그린 그림
- **고분** | 고대에 만들어진 무덤으로 역사적 또는 고고학적 자료가 될 수 있는 분묘
- **유적** | 남아 있는 역사적인 흔적
- **추정되다** | 미루어 생각하여 판단하고 정해지다
- **구들장** | 방바닥을 만드는 얇고 넓은 돌

역사 지식

◆ **온돌**

우리나라 전통 난방 방식이에요. 언제부터 쓰기 시작했는지는 정확히 알 수 없지만, 기원전 300년경 철기 시대의 초기 온돌 유적이 발견되어 역사가 아주 오래되었다는 것은 알 수 있어요. 중국에도 비슷한 난방 방식이 있지만 방의 일부분만 데울 뿐이고, 온돌은 방 전체를 과학적이고 효율적으로 데우는 방법이에요.

삼국 시대에도 기상청이 있었다?

지구 온난화로 인한 기후 변화로 기상청의 **예보** 정확도가 떨어졌어요. 기상청에 따르면, 보통 과거 기후 현상을 분석해 다음 날씨를 예측하지만, 요즘은 이상 기후로 정확한 날씨 예측이 어려워졌대요. 극심한 폭염과 폭우가 반복되고 있는 2024년 여름, 기상청의 예보가 잘 맞지 않아 시민들의 불만이 커지고 있는데요, 고대에는 어땠을까요? 날씨를 **관측하여** 기록했을까요? 아니면 별 관찰 없이 그저 하루하루 살았을까요?

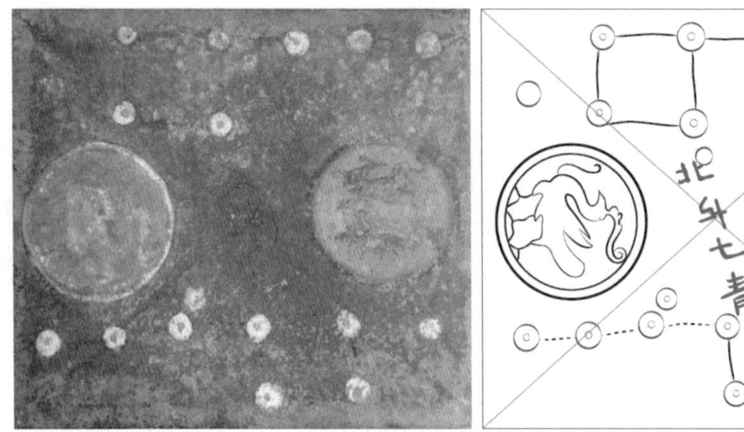

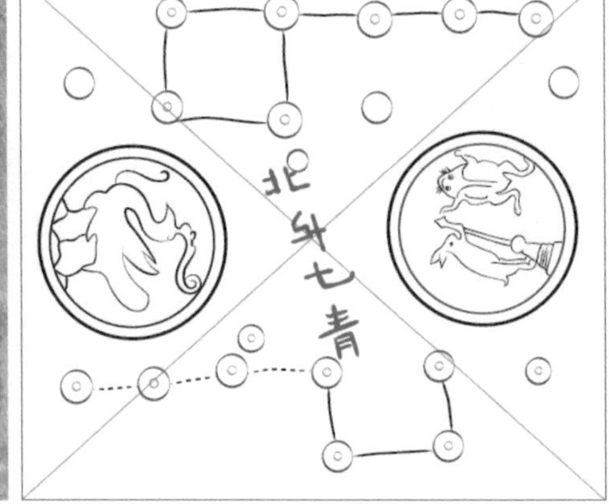

천상의 문양예술 고구려 고분 벽화 | 출처_국립문화재연구소
장천 1호 고분 천장에 그려진 해, 달, 그리고 별자리 모사도예요. 동그란 별들을 이어 북두칠성을 표현하고 있어요. 고구려 고분 벽화에는 별자리 그림이 많아요.

삼국 시대에도 날씨를 기록했어요

고대부터 사람들은 하늘과 땅, 태양과 별의 모습을 자세히 관찰하고 기록해 왔어요. 《삼국사기》에도 **기상** 관련 기록이 많이 남아 있답니다. 삼국 시대 사람들은 주로 특이하거나 이상한 날씨에 관해 자세히 써 두었는데, 가뭄·서리·우박·비·눈·큰물(홍수)·천둥·바람·폭풍·안개·흙비·구름·오로라 등의 날씨를 관찰해 기록했어요.

삼국 시대, 날씨에 관한 재미있는 기록 이모저모

- **19년(백제 온조왕 37년)**

"봄 3월에 우박이 내렸는데 크기가 달걀만 하여 참새같이 작은 새들이 맞아 죽었다"

- **27년(백제 온조왕 45년)**

"봄과 여름에 크게 가물어 풀과 나무가 바싹 말라 버렸다. 겨울 10월에 지진이 일어나 백성들의 집이 기울어지고 무너졌다"

- **34년(다루왕 7년)**

"여름 4월 동방에 붉은 기운이 있었다"

- **104년(파사이사금 25년)**

"봄 정월에 많은 별이 비 오듯이 떨어졌으나 땅에는 이르지 않았다"

- **105년(파사이사금 26년)**

"2월 경주에 큰 눈이 내렸다"

- **300년(고구려 미천왕)**

"겨울 10월에 누런 안개가 끼어 사방이 막혔다. 11월에 바람이 서북쪽으로부터 불어와서 6일 동안이나 모래를 날리고 돌을 굴렸다"

삼국 시대 기상 기록을 보면 당시 어떤 기상 현상이 있었는지, 그 정도가 얼마나 심했는지까지 자세히 써 두었다는 걸 알 수 있어요. 우박의 크기가 달걀만큼 컸다는 것, 풀과 나무가 바싹 마를 만큼 가뭄이 심했다는 사실, 지진 피해가 어느 정도였는지 세세히 기록한 흔적을 볼 수 있어요. 또 23년에 기록된 여름 하늘 붉은 기운은 오로라에 대한 최초 기록이라고 하고요, 별이 비 오듯이 떨어진 것은 별똥별이 떨어지는 **유성우** 현상을 표현한 것이라고 합니다. 큰 눈, 6일 동안과 같은 표현을 통해 눈이 얼마나 왔는지, 얼마 동안 기상 현상이 일어났는지도 정확히 표현해 둔 것을 알 수 있죠.

《삼국사기》에는 가뭄에 관해 가장 많이 기록돼 있어요. 당시 백성들의 삶에 가장 큰 영향을 미치는 기상 현상이었기 때문일 겁니다. 가뭄과 홍수가 나면 힘들어 하고, 신비한 기상 현상을 보고 신기해 했을 삼국 시대 사람들의 마음은 아마도 지금의 우리와 별반 다르지 않았을 것 같아요.

역사 문해력 키우기

Q 삼국 시대 기상 기록 중 가장 인상적인 내용은 뭐였어요? 왜요?

역사 상식

◆ **다음 빈칸을 채우세요.**

《삼국사기》에 [ ][ ] 관련 기록이 많이 남아 있어요.

◆ **맞으면 O, 틀리면 X 하세요.**

1. 삼국 시대 사람들도 기상 현상을 관찰하고 기록했어요. [ ]
2. 삼국 시대에는 지금보다 지진이 더 자주 일어났어요. [ ]
3. 삼국 시대에는 기상 현상이 얼마나 많이, 오래 계속되었는지도 기록했어요. [ ]

어휘 풀이

- **예보** | 앞으로 일어날 일을 미리 알림
- **관측하다** | 맨눈 혹은 기계로 자연 현상을 자세히 살펴보아 어떤 사실을 짐작하거나 알아내다
- **기상** | 바람, 비, 구름, 눈 등의 공기 속에서 일어나는 현상
- **유성우** | 많은 별똥별이 비처럼 쏟아지는 현상

역사 지식

◆ **천문대**

우주를 관측할 수 있는 장치를 갖춘 시설이나 기관을 말해요. 옛날에는 농사를 별 탈 없이 잘 짓기 위해서 기상 관측을 했어요. 농사를 망치면 백성들은 굶어야 했기 때문에 날씨를 관측하는 것은 매우 중요한 일이었어요. 대표적인 천문대로 신라의 첨성대가 있어요. 첨성대는 우리나라 최초이면서 동양에서 가장 오래된 천문대예요. 고구려와 백제에서도 기상 관측을 한 기록이 남아 있지만 천문대는 남아 있지 않아요.

철의 왕국, 가야에는 여전사가 있었다

서기 1세기~6세기 뉴스 1 2 3 4 5 6 7 8 9 10

2024년 파리 올림픽에서 한국 선수들의 활약은 대단했습니다. 특히 총, 칼, 활 등 무기 관련 종목에서 여자 선수들이 상당한 성과를 내, 전 세계 사람들의 관심을 끌었죠. 무기 종목에서 뛰어난 실력을 **보유하고** 있는 우리 여성 선수들을 보면 떠오르는 나라가 있어요. 바로 철의 **제국**, **가야**입니다.

| 가야 판갑옷과 투구의 앞면과 뒷면 | 출처_국립중앙박물관

가야 여성 유골 | 출처_국가유산청
가야의 여전사로 보이는 세 여성의 뼈가 발견된 김해 대성동 고분군 발굴 현장의 모습이에요.

철의 나라, 가야

고구려, 백제, 신라에 가려져 한국 역사 속에서 주목받지는 못했지만, 한반도에 무려 500년이나 **존재했던** 나라가 있었어요. 10여 개의 작은 나라로 구성된 **연맹국**, 바로 가야입니다. 비록 삼국과 달리 고대 국가로 발전하지는 못했지만, 철을 바탕으로 상당한 성장을 이룬 나라였어요. 가야 **고분**에서는 강력한 군사력을 보여 주는 철제 무기나 **투구**, 철갑옷, 얇고 길게 만든 철판을 이어 만든 **판갑옷**, 철제 농기구가 **출토됐어요**. 우수한 철 제작 기술이 없으면 생산하기 어려운 것들이었죠. 이처럼 가야는 철을 생산해서 주변 나라로 수출까지 하며 힘을 키워 나갔어요.

철의 제국 가야의 여전사들

큰 고리자루칼 | 출처_합천박물관
가야의 철제 무기예요.

김해 대성동 고분군에서 20대~30대, 키 150센티미터 정도로 **추정되는** 세 여성의 뼈가 발견되었어요. 이들 뼈를 분석해 본 결과, 반복적인 강한 운동과 노동을 통해 다리 근육이 상당히 발달된 것을 알 수 있었어요. 또 이들의 머리맡에는 철제 투구와 갑옷 조각 그리고 **철촉**들이 많이 묻혀 있었어요. 투구와 무기도 세 여성의 몸에 꼭 맞았고요. 발견된 세 명의 여성은 가야에 여전사가 존재했음을 보여 주는 증거라고 볼 수 있대요. 이렇게 여전사가 존재했다는 것은 남성과 여성의 역할이 정해져 있지 않은 열린 사회였음을 보여 줘요.

가야는 삼국의 그 어느 나라보다도 뛰어난 철 제작 기술을 보유해, 우수한 철제품을 생산, 수출하며 활발하게 국제 **교역**을 한 나라였어요. 하지만 눈부신 발전을 계속 이루어 갈 것 같았던 가야는 백제와 신라 사이에서 이리저리 치였어요. 결국 532년에 법흥왕의 공격으로 금관가야가, 562년에 진흥왕의 공격으로 대가야가 멸망함으로써 역사 속으로 영영 사라졌어요. 가야는 비록 고대 국가로 성장하지 못해서 사람들로부터 잊힌 나라가 되었지만, 수준 높은 철기 문화로 주변 나라가 문화 발전을 이루는 데 크나큰 영향을 미쳤답니다.

역사 문해력 키우기

Q 가야는 어떤 나라였어요? 알게 된 사실을 잘 정리해 이야기해 보세요.

역사 상식

◆ **다음 빈칸을 채우세요.**

[ ][ ]는 뛰어난 철 제작 기술로 우수한 철제품을 생산하고 활발한 국제 교역을 해 나가며 한반도에 500년 정도 존재했던 나라예요.

◆ **맞으면 O, 틀리면 X 하세요.**

1. 가야는 10여 개의 작은 나라로 이루어진 삼국 시대의 또 다른 고대 국가였어요. [ ]
2. 가야는 철을 다루는 기술이 뛰어나 다양한 철제품을 생산했어요. [ ]
3. 가야는 고구려, 백제, 신라의 공격으로 멸망하고 말아요. [ ]

어휘 풀이

- **보유하다** | 가지고 있거나 간직하고 있다
- **제국** | 황제가 다스리는 나라
- **존재하다** | 실제로 있다
- **연맹국** | 같은 목적을 이루기 위해 서로 돕기로 약속한 나라
- **고분** | 고대에 만들어진 무덤으로 역사적 또는 고고학적 자료가 될 수 있는 분묘(흙을 쌓아 놓은 묘)
- **투구** | 예전에, 군인이 전투할 때 적의 화살이나 칼날로부터 머리를 보호하기 위하여 쓰던 쇠로 만든 모자
- **판갑옷** | 무사들이 상체를 보호하기 위해 입던 쇠로 만든 갑옷으로 신라와 가야에서만 출토되었다
- **출토되다** | 땅속에 묻혀 있던 오래된 물건이 밖으로 나오게 되거나 파내어지다
- **추정되다** | 미루어 생각하여 판단하고 정해지다
- **철촉** | 화살 끝에 박은 철로 된 뾰족한 것
- **교역** | 나라와 나라 사이에 물건을 서로 사고파는 것

역사 지식

◆ 가야

고구려, 백제, 신라가 고대 국가로서의 모습을 갖추기 시작할 때, 지금의 경상도 자리에 있었던 작은 나라들의 연합이에요. 금관가야와 대가야를 중심으로 10개가 넘는 나라로 이루어진 연맹국이었어요. 금관가야를 세운 김수로왕은 알에서 태어났다는 신화를 바탕으로 초기 가야를 이끌어 갔어요. 철이 많이 나고 철을 다루는 기술도 뛰어났던 가야는 다른 나라들과 활발하게 교류하며 가야 문화를 전파하기도 했어요. 하지만 가야는 삼국과 달리 고대 국가로서 자리를 잡지 못하고 연맹국으로만 남아 있어 힘이 약했어요. 결국 532년 신라 법흥왕이 금관가야를 정복하고, 562년 진흥왕이 대가야를 정복하면서 가야는 역사 속으로 사라지게 돼요.

삼국 시대 결혼 선물로는 된장이 최고지

전 세계가 한국 음식에 반해 버렸어요. 2024년 1월~8월 사이 라면과 과자, 음료 등 식품 수출이 **역대 최고치**를 기록했다고 해요. 이렇듯 한국 음식에 대한 전 세계인들의 관심이 쏠리고 있는데요, 뭐니 뭐니 해도 한국 음식의 대표 주자는 오랜 전통과 역사를 자랑하는 된장과 김치일 겁니다. 김치는 삼국 시대부터 2,000년간의 긴 역사를 지닌 전통 요리로서 2013년 유네스코 인류 무형 문화유산으로 **등재되기**까지 했죠. 또 2020년부터 김치의 우수성을 알리기 위해 11월 22일을 김치의 날로 정했는데요, 이제는 한국을 넘어 미국 연방 정부에서도 11월 22일을 김치의 날로 정할 **전망**입니다. 이에 뒤질세라 된장 역시 세계화를 **추진하고** 있어요. 세계 어딜 내놓아도 **손색**이 없는 김치와 된장! 이 둘은 대체 언제부터 시작된 건지 그 역사를 좇아가 봐야겠어요.

고구려인들은 된장을 잘 담근단 말이지!

중국 한 역사서에는 고구려 사람들의 된장 담그는 솜씨에 대해 **언급해** 놓았어요. '고구려에서는 장양을 잘한다'라고 말이죠. 여기서 장양이란 장을 담그거나 술을 빚는 등 **발효 식품**을 만드는 것을 뜻해요. 실제로 고구려 **고분** 벽화에는 된장이나 간장과 같은 발효 식품을 저장해 둔 독이 그려져 있어, 이로써 고구려 사람들이 된장을 담가 먹었음을 짐작할 수 있어요.

안악 3호 고분 벽화 | 출처_국가유산청
고구려 시대의 부엌을 볼 수 있어요.

된장은 삼국 시대 이전부터 먹었던 것으로 **추정돼요**. 다만 삼국 시대 이전에는 된장과 간장이 섞여 물기가 많은 채로 먹었다면, 삼국 시대에 와서는 간장과 된장을 분리해 먹은 것으로 보여요. 또 결혼할 때 된장을 **혼수품**으로 보내기도 했어요. 《삼국사기》에는 **신문왕** 3년(683년)에 왕비를 맞을 때 혼수품으로 쌀, 술, 기름과 함께 간장과 된장을 함께 보냈다는 기록이 있답니다.

삼국 시대 김치는 백김치였을까? 빨간 김치였을까?

1~3세기 김치 | 출처_세계김치연구소
장과 소금으로 절임한 1~3세기 김치예요.

김치의 출발점은 겨울에도 채소를 잘 보관하기 위해서였어요. 야채에 소금을 뿌려 **숙성시키면** 오래 두고 먹을 수 있으니까요. 또 삼국 시대 김치는 백김치였어요. 당시에는 고춧가루가 아직 들어오기 전이라 지금의 김치처럼 붉고 맵지 않았죠.

삼국 시대 사람들은 된장과 김치를 오늘날처럼 쌀밥과 함께 먹었을까요? 삼국 시대 초기까지는 쌀이 아닌 콩과 보리를 주로 먹은 것으로 보입니다. 벼는 6세기 이후에서야 **주식**으로 먹는 곡물이 되었거든요. 그러나 사람들 전부가 쌀밥을 마음껏 먹을 수 있었던 건 아니에요. 일반 백성들은 여전히 보리, 조, 콩을 많이 먹었고 귀족들만 새하얀 쌀밥을 먹을 수 있었죠. 지금은 건강을 위해 일부러라도 잡곡밥을 먹으려고 하는데 삼국 시대엔 쌀밥이 최고라 생각했나 봅니다.

역사 문해력 키우기

Q 삼국 시대에는 왜 된장을 결혼 선물로 보냈을까요? 여러분의 생각을 자유롭게 이야기해 보세요.

역사 상식

◆ **다음 빈칸을 채우세요.**

☐☐☐ 사람들은 장을 잘 담근다는 역사 기록이 남아 있어요.

◆ **맞으면 O, 틀리면 X 하세요.**

1. 삼국 시대 이전에는 된장을 먹지 않았어요. ☐
2. 삼국 시대에는 된장을 결혼할 때 선물로 보내기도 했어요 ☐
3. 삼국 시대부터 고춧가루로 버무린 김치를 먹기 시작했어요. ☐

어휘 풀이

- **역대** | 대대로 이어 내려온 여러 대 동안
- **최고치** | 어떤 값 가운데 가장 높은 값
- **등재되다** | 이름이나 어떤 내용이 적혀 올려지다
- **전망** | 예상한 앞날의 상황
- **추진하다** | 어떤 목적을 위해서 일을 밀고 나아가다
- **손색** | 남이나 다른 것과 비교해서 못한 점
- **언급하다** | 어떤 일이나 문제에 대해 말하다
- **발효 식품** | 미생물이 사람에게 좋은 성분을 만들어 내는 것을 활용하여 만든 식품
- **고분** | 고대에 만들어진 무덤으로 역사적 또는 고고학적 자료가 될 수 있는 분묘(흙을 쌓아 놓은 묘)
- **추정되다** | 미루어 생각하여 판단하고 정해지다
- **혼수품** | 부부가 되어 사는 집에 필요한 살림을 비롯하여 결혼을 하는 데 드는 물품
- **숙성시키다** | 미생물에 의해 발효되어 잘 익게 하다
- **주식** | 밥이나 빵과 같이 끼니에 주로 먹는 음식

역사 지식

◆ **신문왕**

681년~692년 동안 통일 신라를 다스린 제31대 왕이에요. 왕이 되자마자 귀족들의 권력을 제압하고 왕권을 강화했어요. 신문왕은 만파식적을 손에 넣은 설화로 유명한데, 만파식적이란 잠깐 불기만 해도 나라가 평화로워지는 신비한 피리의 이름이에요. 이처럼 신문왕은 삼국 통일 이후 나라를 안정적으로 다스리기 위해 노력했어요.

백제판 최신식 냉장고 한번 보고 갈래요?

서기 6세기~7세기 뉴스 1 2 3 4 5 6 7 8 9 10

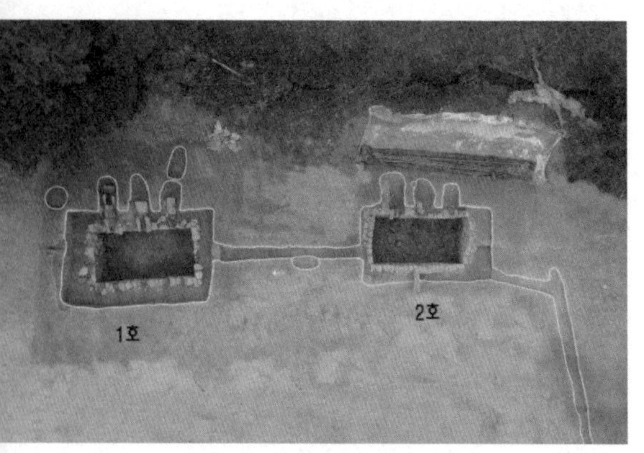

백제 저온 저장고 | 출처_국가유산청
2023년에 발견된 백제 저온 저장고 1, 2호 발굴 당시 모습이에요.

최근 AI 냉장고들이 속속 등장하고 있어요. AI 냉장고는 냉장고 안의 온도 **상승**을 줄여 준다거나 냉장고 속 김치 냄새가 심해지면 알아서 없애 주는 기능을 가졌죠. 냉장고는 현대인들이나 썼을 것 같지만, 전북 익산시에서 지금으로부터 1,500여 전 백제판 냉장고 시설이 발견됐다고 해요. 전기도 없던 시절에 냉장고는 웬 말인가 싶죠? 하지만 백제판 냉장고, 기능이 보통이 아니었다고 합니다.

지금과 비슷한 모양의 냉장고였을까요?

그건 아니고요, 2023년에 발견된 백제판 냉장고는 땅을 파서 만든 **저온** 저장고였어요. 총 2기의 저장고가 발견되었는데요, 1호는 길이 4.9미터, 너비 2.4미터, 높이 2.3미터이고, 2호는 길이 5.3미터, 너비 2.5미터, 높이 2.4미터였어요. 두 곳 모두 매우 큰 규모인데, 특히 깊이가 아파트 한 층 남짓한 높이라, 사다리를 타고 내려가야 할 정도예요. 또 이번에 발견된 저장고에는 공기가 통할 수 있게 만든 구멍인 **통기구**가 설치돼 있었어요. 통기구가 없다면 저장고 속 공기는 계속 같은 공간에 머물

| 저장고 속 온도를 차갑게 유지하기 위해서 공기가 통할 수 있는 통기구가 있어요. | 출처_국가유산청

러 차가운 온도를 **유지하기**가 어려웠을 거예요. 원래 찬 공기는 바닥으로 가라앉고 더운 공기는 위로 올라가는데요, 백제 사람들은 이 원리를 이미 알고 있었던 모양이에요. 냉장고에 통기구를 만들어 저장고 안의 더운 공기를 밖으로 **배출해** 저장고 속 온도를 차갑게 유지하도록 했으니까요. 또 당시 사람들은 냉장고 안이 습기로 축축해지는 것을 방지하기 위해 냉장고 바닥은 돌덩이와 모래가 섞인 점토를 섞어 평편하게 만들기도 했어요.

백제 사람들은 냉장고에 뭘 넣어뒀을까?

냉장고 바닥에서 당시 백제 사람들이 키우거나 **채집한** 식물의 열매와 과일의 흔적이 발견됐어요. 참외와 들깨, 밀, 조, 팥과 같은 **재배 작물**뿐만

저장고의 습도 조절을 위해서 바닥을 돌덩이와 모래가 섞인 점토로 평편하게 만들었어요.
출처_국가유산청

아니라 딸기, 다래, 산뽕나무와 같은 채집 식물들의 흔적을 확인할 수 있었어요. 이로써 이번에 발견된 저장고가 냉장고였음을 추측할 수 있었답니다.

더운 공기를 내보내기 위해 통기구가 위쪽을 향하게 한 점, 바닥에 습기를 **차단하기** 위해 모래 점토를 깔아 놓은 점에서 이번에 발견된 대형 저온 저장고는 당시 최고 과학 기술을 모아 만든 것으로 추측돼요. 국가유산청 관계자에 따르면 이번 저장고는 왕실과 관련된 시설일 가능성이 높다고 말했어요. 아무래도 이렇게 좋은 시설은 일반 백성들이 쓰기는 어려웠겠죠?

역사 문해력 키우기

Q 백제 냉장고의 특별한 점이 뭐였어요? 이것을 통해 우리는 무얼 알 수 있어요?

역사 상식

◆ **다음 빈칸을 채우세요.**

2023년에 발견된 백제판 냉장고는 땅을 파서 만든 ☐☐☐☐☐ 로 당시 뛰어난 백제의 과학 기술이 돋보여요.

◆ **맞으면 O, 틀리면 X 하세요.**

1. 백제 저온 저장고는 깊이는 깊지만, 가로와 세로 크기는 작았어요. ☐
2. 백제 저온 저장고에는 통기구가 있어 더운 공기를 밖으로 배출할 수 있었어요. ☐
3. 저장고에는 다양한 열매와 과일의 흔적이 발견됐어요. ☐

어휘 풀이

- **상승** | 위로 올라감
- **저온** | 낮은 온도
- **통기구** | 공기가 드나들 수 있게 뚫어 놓은 곳
- **유지하다** | 그대로 이어 나가다
- **배출하다** | 안에서 만들어진 것을 밖으로 밀어 내보내다
- **채집하다** | 널리 찾아서 얻거나 캐거나 잡아 모으다
- **재배 작물** | 논밭이나 비닐하우스 같은 곳에서 심어 가꾸는 곡식이나 채소
- **차단하다** | 흐름을 막거나 끊어서 통하지 못하게 하다

역사 지식

◆ **백제의 과학 기술**

백제는 과학 기술이 발달한 나라였고, 그 기술을 일본에 전해주기까지 했어요. 백제 무왕 때는 관륵이라는 스님이 의학과 천문학 등 여러 가지 학문과 관련된 책을 가지고 일본으로 건너갔다는 기록이 남아 있어요.

타임캡슐 타고 신라로 여행을 간다면, 우린 아마 '여기'를 구경했을 거야

프랑스엔 에펠탑, 런던엔 빅벤, 서울엔 N서울타워! 이들은 모두 각 도시의 **랜드마크**입니다. 고대에도 각 나라를 대표하는 랜드마크가 있었을까요? 우리가 삼국 시대로 돌아가 신라를 여행한다면 이곳을 꼭 들러 봐야 한다고 하는데요, 그곳은 어디일까요?

신라의 랜드마크, 황룡사 9층 목탑

| 황룡사 9층 목탑을 재현한 모형 탑 | 출처_황룡사역사문화관

일단 랜드마크이니 눈에 확 띄어야 할 거예요. 황룡사 9층 목탑은 모두 9개 층으로 이루어진 80미터에 달하는 어마어마한 높이의 탑이었어요. 고대에는 고층 건물도 없었기 때문에 아파트 30층 높이 황룡사 9층 목탑은 어디에서나 잘 보였겠죠. 신라의 랜드마크로 황룡사 9층 목탑만 한 게 없었을 거예요.

그 당시에 80미터에 달하는 탑을 세우는 건 쉬운 일이 아니었을 텐데요, 왜 굳이 힘들게 그렇게 높다란 탑을 세웠을까요? 황룡사 9층 목탑은 당나라 유학을 마치고 돌아온 자장 스님의 요청으로 **선덕 여왕** 때 지어졌어요. 자장 스님은 당나라에서 공부하던 중에 신라에 9층 불탑을 세우면 재앙을 막고 나라가 편안해질 거라는 이야기를 듣게 됩니다. 이에 자장 스님은 선덕 여왕에게 탑을 짓자고 **건의하죠**. 실제로 당시 신라는 밖으로는 백제 의자왕의 끊임없는 공격 때문에, 안으로는 심한 가뭄 때문에 고통받고 있었어요. 고민 끝에 선덕 여왕은 목탑을 짓기로 했어요. 부처님의 힘을 빌려 위기에 처한 신라를 구해 내기로 한 거죠!

중국과 일본 어디를 둘러봐도 황룡사 9층 목탑만큼 큰 탑은 없었어요

먼저 황룡사는 **진흥왕** 14년(553년)에 짓기 시작했답니다. 진흥왕은 처음에 황룡사 터에 새 궁궐을 지으려고 했지만, 그곳에서 황룡이 나와 궁궐 대신 절을 짓기로 했대요. 황룡사는 지금 경주 불국사보다 여덟 배 정도 되는 **규모**의 절로 삼국 시대를 통틀어 가장 큰 절이에요. 이렇게나 큰 절에 짓기 시작한 황룡사 9층 목탑! 그런데 왜 하필 9층이었을까요? 목탑의 층마다 당시 신라를 힘들게 하던 나라를 물리치겠다는 뜻을 다 담았거든요! 1층은 일본, 2층은 중국, 3층은 오나라와 월나라, 4층은 탐라, 5층은 백제, 6층은 말갈, 7층은 거란, 8층은 여진, 9층은 고구려, 이렇게 말이죠. 신라가 어려움을 극복하고 이 나라들 위에 올라서겠다는 의

| 황룡사 9층 목탑이 있었던 경주 황룡사 목탑지 | 출처_국가유산청

지를 탑에 담았던 겁니다.

당시 신라에는 이렇게 높은 목탑을 세울 수 있는 기술자가 없어 백제의 건축 장인을 데려와 200여 명의 신라 사람들과 함께 645년에 완성했어요. 현재 기술로도 흉내 내기 어렵다는 황룡사 9층 목탑은 몽골의 침입으로 불타 지금은 볼 수 없어요. 만약 불타지 않았더라면 황룡사 9층 목탑은 우리나라 건축 기술을 세계에 널리 알릴 수 있는 한국 대표 **문화유산**이 되지 않았을까요?

역사 문해력 키우기

Q 여러분이 타임캡슐을 타고 신라로 여행을 간다면 어디를 구경하고 싶어요?

역사 상식

◆ 다음 빈칸을 채우세요.

☐☐☐ 9층 ☐☐ 은 선덕 여왕 때 주변국들을 물리치고 위기를 이겨 내겠다는 의지를 담아 세워 올린 탑이에요.

◆ 맞으면 O, 틀리면 X 하세요.

1. 황룡사 9층 목탑은 진흥왕 때부터 만들기 시작했어요. ☐
2. 목탑 각층에는 신라가 닮고 싶은 나라를 담아 놓았어요. ☐
3. 황룡사 9층 목탑은 몽골 침입 때 불에 탔기 때문에 지금은 볼 수 없어요. ☐

어휘 풀이

- **랜드마크** | 어떤 지역을 대표하는 것
- **건의하다** | 어떤 문제에 대해 의견이나 바라는 점을 제시하다
- **규모** | 크기나 범위
- **문화유산** | 문화적인 가치가 높아 다음 세대에게 물려줄 필요가 있는 문화나 문화재

역사 지식

◆ 선덕 여왕

632년~647년 동안 신라를 다스린 제27대 왕이자 신라 최초의 여왕이에요. 신라는 골품제라는 신분제가 뚜렷했는데, 왕위를 이을 성골 남자가 없자 성골인 선덕 여왕이 왕의 자리를 물려받게 됐어요.

◆ 진흥왕

540년~576년 동안 신라를 다스린 제24대 왕이에요. 황룡사를 세우며 신라의 힘을 다른 나라에 널리 알렸어요. 또, 화랑도를 만들어 빼어난 외모, 훌륭한 지식과 무예를 모두 갖춘 귀족의 자식을 훈련시켰어요. 한강을 차지하고 가야를 정복하는 등 영토를 크게 넓혔어요.

북소리가 들리면 집으로 돌아가세요

평일 오전, 우리는 학교 갈 준비를 하고 8시 40분까지 학교에 갑니다. 9시부터 수업을 시작하고, 12시가 되면 점심을 먹어요. 우리는 매일 이렇게 시계를 보고 시간에 맞춰 생활하고 있는데요, 시계가 없던 시절에는 어떻게 했을까요? 무엇을 기준 삼아 생활했을까요?

시계가 없던 시절엔 시간을 어떻게 알았을까?

고대 사람들은 계절의 변화나 달의 모양 변화에 따라 1년이나 한 달 단위의 시간은 짐작하며 살았지만, 하루 24시간의 시간은 잴 방법이 없었어요. 그저 해가 뜨면 일어나고, 낮이 되면 일을 하고, 해가 지면 잠자리에 들 뿐이었죠. 이처럼 하루 동안의 해의 움직임을 보고 시간을 **대략** 구분했어요. 그러나 이것만으로는 불편한 점이 많았을 거예요. 일상생활이야 그렇다고 치더라도 왕과 관리들이 나랏일을 하고 회의를 열 땐 좀 더 정확한 시간을 알아야 했으니까요. 그래서 삼국 시대 사람들은

고구려 오회분 제5호 고분 벽화 | 출처_국가유산청
해와 달의 신을 그려 놓았어요.

해시계와 **물시계**를 만들어 사용하기 시작했어요. 고대 중국이나 이집트처럼요!

그런데 해와 물로 시간을 어떻게 잰다는 거죠?

먼저 해시계는 평평한 땅에 막대기를 수직으로 세워 놓은 뒤, 해의 움직임에 따라 달라지는 그림자를 보고 시간을 **측정하는** 방식이에요. 우리나라에서는 언제부터 해시계를 사용했는지에 대한 구체적인 기록은 남아 있지 않지만, 해시계를 사용했을 거라는 **간접적**인 증거는 찾아볼 수 있어요. 그것은 바로 무열왕 2년(655년) 때 월성에 설치했다는 **고루**예요. 고루는 큰북을 달아 놓은 **누각**으로, 여기서 북을 쳐 시간을 알려 줬을 거예요. 또 신라 시대 해시계 **파편**도 발견됐는데, 이를 통해서도 삼국 시대에 하루를 12시간으로 나눠 시간을 쟀음을 짐작할 수 있어요. 그런데 해시계는 밤이나 흐린 날에는 시간을 측정하기 어려웠어요. 여기서 **탄생한** 것이 물시계예요.

신라 시대 해시계 파편 | 출처_국립경주박물관

물시계는 시간에 따라 정해진 양만큼 떨어지는 물의 양을 재서 시간을 측정하는 방식이에요. 삼국 시대에 물시계가 **제작되었다**는 기록은 남아 있지 않지만, 671년에 백제 사람이 일본에 가서 물시계를 만들었다는 기록을 통해 백제에서도 이미 물시계를 사용했으리라 **추정해요**. 또 통일 신라 시대 성덕왕 17년(718년)에 **누각전**을 세우고 **누각박사**를 두어 시간을 관측했다는 기록이 있어요.

통일 신라 시대 누각 무늬 벽돌
출처_국립중앙박물관

시간을 알리는 북이 울리면 사람들은 성문 **개폐**

시간이라는 것, 통행금지 시간이 되었다는 것, 관료들이 출퇴근하는 시간이라는 것을 알 수 있었을 거예요. 또 고대 농경 사회에서 계절이나 시간의 변화를 알려 주는 것은 왕의 중요한 임무였기 때문에 백성들에게 시간을 알려 줌으로써 왕의 권력도 보여 주었을 거예요.

역사 문해력 키우기

Q 여러분이 고대 사람이 되어 친구들과 만난다면, 어떻게 시간 약속을 정할 건지 이야기해 보세요.

역사 상식

◆ **다음 빈칸을 채우세요.**

□□□ 는 땅에 막대기를 수직으로 세워 놓고, 해의 움직임에 따라 달라지는 그림자를 보고 시간을 재요.

◆ **맞으면 O, 틀리면 X 하세요.**

1. 고대 사람들은 해의 움직임을 보며 하루 24시간의 시간을 정확히 쟀어요. □
2. 삼국 시대에 해시계와 물시계를 사용했다는 기록이 남아 있어요. □
3. 누각에서 들려오는 북소리로 사람들은 시간을 짐작할 수 있었어요. □

어휘 풀이

- **대략** | 대충 짐작으로 따져서
- **측정하다** | 어떤 기계나 장치를 사용하여 양을 재다
- **간접적** | 중간에 다른 것을 통해 이어지는
- **고루** | 큰북을 단 누각
- **누각(樓閣)** | 지붕만 있고 문과 벽이 없어 주변을 볼 수 있도록 높이 지은 집
- **파편** | 깨지거나 부서진 조각
- **탄생하다** | 새로 생기다
- **제작되다** | 새로운 것이 만들어지다
- **추정하다** | 미루어 생각하여 판단하고 정하다
- **누각전(漏刻典)** | 물시계 일을 맡아서 주관하던 기관
- **누각박사** | 누각전에서 물시계를 관측하는 일을 맡은 벼슬
- **개폐** | 열고 닫음

역사 지식

◆ **해시계**

해의 움직임에 따라 시간을 측정하던 시계예요. 원시 시대 때 해가 만드는 나무의 그림자를 보는 것에서 시작해 점차 해시계가 발명됐을 거라고 말해요. 우리나라에서 가장 오래된 해시계 유물은 7세기 이후 신라의 것으로 보이는 해시계 파편이 있어요. 남아 있는 유적은 없지만, 백제와 고구려에는 '일관'이라는 벼슬이 있었는데, 이 벼슬을 맡은 사람은 해와 관련된 일을 했을 거라고 보는 입장도 있어요.

◆ **물시계**

물이 늘어나는 것이나 줄어드는 것을 보고 시간을 측정하던 시계예요. 《삼국사기》를 보면 718년 신라 성덕왕이 누각전을 만들고 그곳에 누각박사 6명을 두었다고 해요. 한편 백제의 가르침을 받은 일본이 671년에 누각을 만들었다는 기록을 보면, 백제는 이미 6세기에 누각과 누각박사가 있었을 것으로 예상해요.

38

베르사유 궁전에도 없던 화장실이 통일 신라에는 있었다는 사실을 아십니까?

서기 8세기 뉴스 1 2 3 4 5 6 7 8 9 10

2023년 한국인 과학자가 스마트 변기를 발명해 괴짜 노벨상이라고 불리는 이그 노벨상을 받았어요. 스마트 변기에 설치된 카메라와 센서가 대소변의 색깔과 양을 분석해 건강 상태를 알려 준다네요! 스마트 변기까지 등장한 시대를 살아가는 우리에겐 화장실에 변기가 있다는 사실은 너무나도 당연한 일이지만, 고대에도 그랬을까요? 그때도 누구나 변기에서 편히 볼일을 봤을까요?

통일 신라 시대의 고급 화장실이 발견됐어요

지금으로부터 1,300여 년 전에 사용한 것으로 보이는 화장실과 **대형 배수 시설**이 2017년, 경주에서 발견됐어요. 너도나도 다 쓰는 공중화장실이었냐고요? 아니요, 이때 발견된 화장실은 통일 신라의 왕족과 귀족들이 사용한 것으로 **추정되는** 궁궐의 고급 화장실과 대형 배수 시설이었어요. 발견된 변기가 고급

2017년 경주에서 변기와 대형 배수 시설이 연결된 곳을 발굴했던 당시 모습이에요.
출처_국립문화유산연구원

| 고급스러운 돌로 만들어진 변기예요. | 출처_국립문화유산연구원

스러운 돌로 만들어졌다는 점과 변기 아래쪽 부분과 바닥을 장식해 놓은 흔적을 통해 당시 **최상위 계층**이 쓴 고급 **수세식** 화장실이었을 것으로 추정했지요.

발굴된 통일 신라 화장실 터에서는 양쪽에 발을 디디고 쪼그리고 앉을 수 있는 발판과 오물이 빠져나갈 수 있게 구멍을 뚫어 만든 변기 그리고 그 아래 오물이 잘 흘러 나가도록 기울여서 파 놓은 **도랑**이 확인됐어요. 변기 모양은 지금도 공공 화장실에서 가끔 볼 수 있는, 쪼그리고 앉아서 볼일을 보는 변기와 모양이 비슷해요. 그러나 요즘처럼 물이 자동으로 내려가는 장치는 없었으므로 용변을 본 뒤에는 항아리에서 물을 떠서 오물을 땅속 경사진 도랑으로 흘려보냈을 것으로 보여요. 즉, 수세식 화장실이었던 거죠!

1,300년 전의 수세식 화장실, 그게 그리 대단해 보이진 않는데….

지금 생각으로는 수세식 화장실, 그것도 물을 떠 직접 오물을 도랑으로 흘려보내는 방식이 다소 **미개하다**고 느껴질 수도 있지만, 17세기 프랑스의 베르사유 궁전에도 이와 같은 수세식 화장실이 없었답니다. 예술과 문화가 크게 발전했다는 프랑스보다 무려 1,000년이나 빠른 8세기 통일 신라 시대에 수세식 화장실이 있었다니요!

전문가들은 현재로는 땅 위의 일부 배수로만 확인되지만 실제로는 땅 아래 물이 빠져나가는 상당히 긴 길이 **존재했을** 거라고 짐작하고 있어요. 통일 신라 시대의 건축과 배수 기술은 우리가 생각하는 것보다, 훨씬 더 뛰어났을지도 몰라요.

역사 문해력 키우기

Q 통일 신라 시대 화장실이 특별한 이유를 설명해 보세요.

| 물을 떠서 오물을 흘려보낼 때 사용한 것으로 보이는 항아리와 당시 함께 출토된 유물이에요. | 출처_국립문화유산연구원

역사 상식

◆ 다음 빈칸을 채우세요.

현대와 유사한 좌식 변기가 □□□□ 시대에도 있었어요.

◆ 맞으면 O, 틀리면 X 하세요.

1. 경주에서 발견된 화장실은 궁궐 관리들이 사용하는 고급 화장실이었어요. □
2. 변을 본 뒤 항아리에서 물을 떠 오물을 도랑으로 흘려보내는 방식이었어요. □
3. 프랑스에서는 7세기 무렵 궁전에서 수세식 화장실을 사용했어요. □

어휘 풀이

- **대형** | 같은 종류의 사물 가운데 크기가 큰 것
- **배수** | 안에 있는 물을 다른 곳으로 내보냄
- **추정되다** | 미루어져 생각되어 판단되고 정해지다
- **최상위** | 가장 높은 계급
- **계층** | 한 사회에서 신분이나 경제 수준에 따라 나누어지는 무리
- **수세식** | 화장실에 물이 들어오게 해서 오물이 물에 씻겨 내려가도록 만든 방식
- **발굴되다** | 땅속에 묻혀 있던 것이 찾아져 파내지다
- **도랑** | 폭이 좁고 작은 물줄기
- **미개하다** | 문명이 아직 발달하지 못하다
- **존재하다** | 실제로 있다

역사 지식

◆ 베르사유 궁전

프랑스 파리 남서쪽에 위치한 베르사유에 있는 궁전이에요. 태양왕이라고 불린 루이 14세가 자신의 권력을 강화하기 위해 50여 년에 걸쳐 완성했어요. 그 당시 유럽에서 유행했던 바로크 양식의 건물이며 규모가 매우 크고 아름답기로 유명해요.

공든 탑은 무너지지 않는다

서기 8세기 뉴스 1 2 3 4 5 6 7 8 9 10

2016년에 경주에서 **규모** 5.8 지진이 발생했어요. 이 지진으로 지은 지 6년밖에 안 된 신경주역의 천장이 내려앉았는데요, 1,400년 전에 지은 '이곳'은 지진이 났음에도 불구하고 기왓장 몇 개만 떨어졌을 뿐 별다른 피해가 없었다고 해요. 21세기에 지은 건축 기술을 훌쩍 뛰어넘은 이곳은 대체 어디일까요?

779년, 그날의 지진에도 끄떡없었던 이곳

통일 신라 시대, 혜공왕 15년(779년). 강한 지진이 경주를 덮쳐 100여 명의 사망자가 발생하는 중에도 **까딱없었던** 곳, 그곳은 바로 경주 **석굴암**과 **불국사**입니다. 석굴암과 불국사는 750년경, 20여 년에 걸쳐 만들어진 불교 **유적**으로, 석굴암은 불상을 모신 **석굴**이고 불국사는 **사찰**입니다. 석굴암은 **암벽**을 뚫어 내부 공간을 만든 중국과 인도의 흔한 **석굴 사원**과는 달리, 산을 파내어 굴을 만든 다음 조각한 돌들을 쌓아 올리고 조립해 만들었어요. 이런 방식으로 만든 석굴 사원은 세계에서 석굴암이 **유일하대요**. 또한 불국사는 **인공적**으로 쌓은 돌 위에 지은 **목조** 건축물이에요. 석굴암 조각과 불국사 **석조 기단**은 동북아시아 고대 불교 예술 중 가장 뛰어난 작품이라고 평가받고 있어요.

| 석굴암

오랜 세월을 어떻게 그리도 잘 버틸 수 있었을까?

석굴암과 불국사에는 750년경에 만들어졌다고 보기 어려울 수준의 과학 기술이 적용되었어요. 먼저 석굴암은 화강암으로 만들어졌다는 점부터가 놀라워요. **화강암**은 매우 단단해 당시 기술과 도구로는 파내는 것 자체가 힘들고, 또 굴을 파다 보면 흙이 누르는 힘 때문에, 석굴이 내려앉을 위험이 상당했는데도 석굴암을 성공적으로 만든 거죠! 또 아무 방향으로나 쉽게 쪼개지는 화강암의 성질에도 굉장히 섬세한 조각을 해냈고요. 이뿐만이 아니에요. 석굴암 바깥쪽 벽을 작은 자갈들로 둘러싸 내부 습도를 조절한 점도 당시 과학 기술 수준이 얼마나 높았는지 짐작하게 해요. 습하고 더운 공기가 자갈을 지나면서 수증기는 자갈에 남고

통과한 공기는 차가워져, 석굴암 내부를 보송하게 유지하게 했거든요.

불국사도 **그랭이 공법**이라는 특별한 방법을 사용해 지었어요. 바닥에 먼저 자연 그대로의 돌을 펴 놓고, 그 위에 새로운 돌을 한 층 더 까는데요, 이때 앞서 깔아 둔 자연석 모양에 맞춰서 돌을 깎아 올리는 방법을 그랭이 공법이라 불러요. 위아래 돌이 톱니바퀴처럼 맞물려 있으니 지진과 같은 큰 흔들림에도 위풍당당하게 버틸 수 있죠. 신라 사람들의 과학 기술이 고스란히 담겨 있는 석굴암과 불국사는 1995년에 유네스코 세계 문화유산으로 등재되었답니다.

그랭이 공법
출처_경주문화관광
돌을 쌓아 올릴 때, 자연석 모양에 맞춰서 돌을 깎은 후 올리는 방법을 말해요.

역사 문해력 키우기

Q 석굴암과 불국사 건축 기술 중 가장 관심이 가는 것이 뭐예요? 왜요?

불국사 | 출처_경주문화관광

역사 상식

◆ **다음 빈칸을 채우세요.**

☐☐☐ 과 ☐☐☐ 는 동북아시아 고대 불교 예술 중 가장 뛰어난 작품이에요.

◆ **맞으면 O, 틀리면 X 하세요.**

1. 석굴암을 만든 방식은 중국과 인도의 사원과 비슷해요. ☐
2. 석굴암 외부는 자갈로 둘러싸여 있어, 내부 습도를 조절할 수 있어요. ☐
3. 불국사는 돌을 높게 쌓아 올렸기 때문에 지진에도 끄떡없어요. ☐

어휘 풀이

- **규모** | 지진의 세기를 세는 단위
- **까딱없다** | 바뀌거나 달라지는 것이나 아무 사고 없이 그대로다
- **유적** | 남아 있는 역사적인 흔적
- **석굴** | 바위에 뚫린 굴
- **사찰** | 스님이 불상을 모시고 불교를 가르치고 배우며 도를 닦는 곳
- **암벽** | 벽처럼 크고 가파르게 높이 솟은 바위
- **석굴 사원** | 암벽에 굴을 파서 그 안에 불상을 두거나, 벽면에 불상을 새겨서 만든 절
- **유일하다** | 오직 하나만 있다
- **인공적** | 사람의 힘으로 만든 것
- **목조** | 나무로 만든 것
- **석조 기단** | 바닥보다 한 층 높게 쌓은 돌로 만든 자리
- **화강암** | 흰색이나 옅은 회색을 띠며 광택이 나고 단단한 돌

역사 지식

◆ 석굴암

8세기 신라 경덕왕 때 높은 벼슬에 있던 김대성이 자신의 부모를 위해 지은 건축물이에요. 하지만 만드는 과정에서 경덕왕의 뜻을 담아 국가적 사찰이 되었어요. 석굴암은 한 해 중 가장 낮이 짧은 동짓날에 해가 뜨는 방향을 바라보게 지어졌다고 해요. 세계에서 유일하게 사람의 힘으로 만든 석굴이며, 1995년 유네스코에서 세계 문화유산으로 지정했어요.

◆ 불국사

석굴암과 함께 751년에 지어지기 시작해 20여 년이 지나 완성되었어요. 건물 하나하나, 불상 하나하나에 신라인들의 바람을 담아 지었어요. 다보탑과 석가탑이 대표적인 불국사의 유산이에요. 1995년에 석굴암과 동시에 유네스코 세계 문화유산이 되었어요.

◆ 그랭이 공법

땅속에 일부분 묻혀 있는 바위를 건드리지 않고, 그 바위 모양에 맞춰 다른 바위를 깎으며 쌓아 올리는 방법이에요. 바위와 바위가 딱 맞게 들어가면 건물이 훨씬 튼튼해져요.

정치

40 옛날엔 왕이 마음대로 결정했겠지? 땡~ 틀렸습니다
41 소금 팔던 그 남자는 어쩌다 왕이 되었을까?
42 잘나가던 고구려가 수도를 옮긴 까닭은?
43 복수와 배신의 드라마, 한강 앞에 영원한 친구는 없다
44 우리나라 최초의 스파이, 그는 누구일까?
45 누가 뭐래도 독도가 우리 땅인 이유, 여기 있어요!
46 신라 어느 촌주의 반성문, "제 잘못을 알립니다"
47 우리 역사 속 여왕은 오직 세 명뿐, ○○에만 있었어요
48 백제의 마지막 싸움, 황산벌 전투
49 고구려 마지막 지도자, 그는 악인인가? 영웅인가?
50 이 나라 사람 셋이 모이면 호랑이도 당해 낸다!

40

옛날엔 왕이 마음대로 결정했겠지? 땡~ 틀렸습니다

삼국 시대 전반 뉴스 1 2 3 4 5 6 7 8 9 10

우리나라는 중요한 나랏일을 어떻게 결정할까요? 현재 우리나라는 국회에서 국회의원들이 중요한 문제에 대해 투표해서 **다수결의 원칙**에 따라 결정을 내려요. 그렇다면 삼국 시대에는 어떤 과정을 거쳐 나라의 중대한 일을 결정했을까요? 왕이 혼자서 마음대로 결정했을까요?

한 사람이라도 반대하면 못 해요, 못 해

신라는 **화백 회의**를 열어 국가의 **중대사**를 논의했어요. 중요한 일이 있으면 화백 회의에서 지배 **세력**이 함께 모여 의논해서 결정했는데요, 이때 결정 방식은 **만장일치**를 원칙으로 했어요. 모든 사람이 찬성해야 나랏일을 결정할 수 있었어요.

신라 **초기**에는 **왕권**이 약했기 때문에, 나라의 큰일은 모두 화백 회의에서 정했어요. 왕이 **무능하다고** 판단되면 화백 회의에서 논의해 왕을 쫓아내기도 했죠. 그렇다고 화백 회의가 왕권과 맞서기만 한 건 아니에요. 다른 나라와 전쟁을 벌여야 할지 말아야 할지, 중국과의 외교 정책은 어떻게 하는 게 좋을지 서로 의논하고 **합의해서** 결정했답니다.

다른 나라에도 나랏일을 의논하는 회의가 있었을까?

부여도 신라와 마찬가지로 강력한 **부족장** 회의가 있었어요. 왕을 뽑

고구려 덕흥리 고분 벽화 | 출처_국가유산청
무덤 주인에게 보고하는 13명의 모습이에요.

기도 하고 흉년이 들면 왕에게 그 책임을 물어 왕을 바꾸거나 죽일 수도 있을 만큼 부족장들의 힘은 매우 강했어요. 고구려는 일찍이 다른 나라를 **정복해 나가며** 왕권을 **강화했지만**, 고구려에도 귀족 회의인 **'제가 회의'**가 있었어요. 여기서 '가'는 부족장을 의미하고 '제가'는 이 부족장들이 모두 한데 모였다는 것을 뜻해요. 백제도 **정사암 회의**라는 귀족 회의가 있었어요. 《삼국유사》에 따르면 백제의 호암사라는 절에 정사암이라는 바위가 있었는데요, 나라의 **재상**을 뽑을 때 후보 서너 명의 이름을 써서 상자에 넣어 바위 위에 두었어요. 얼마 뒤에 열어 보고 이름 위에 도장이 찍혀 있는 사람을 재상으로 삼았다고 해요. 정사암 바위에 모여 나라의 중대사를 의논했기에 백제의 귀족 회의를 정사암 회의라고 불렀어요.

백제 때 재상을 선출했던 정사암이 있었던 곳이에요.
출처_국가유산청

고대 왕들은 힘이 막강해 무엇이든 마음대로 할 수 있었을 것 같지만 그렇지 않았어요. 지금의 국회처럼 나랏일을 하는 대표들이 모여 의논해서 나라의 중대사를 결정했던 거예요!

역사 문해력 키우기

Q 삼국 시대 회의는 어떤 특징이 있어요? 설명해 보세요.

역사 상식

◆ **다음 빈칸을 채우세요.**

신라는 □□□□ 에서 나라의 중요한 일을 결정 내렸어요.

◆ **맞으면 O, 틀리면 X 하세요.**

1. 신라 화백 회의에서는 대표들이 다수결로 중대사를 결정했어요. □
2. 고구려는 왕의 힘이 강해 귀족 회의가 없었어요. □
3. 백제에서는 나랏일을 논하는 바위라는 뜻의 정사암 회의가 있었어요. □

어휘 풀이

- **다수결의 원칙** | 회의에서 많은 사람의 의견에 따라 결정을 내리는 방식
- **중대사** | 매우 중요하고 큰 사건
- **세력** | 어떤 특징이나 힘을 가진 무리
- **만장일치** | 모든 사람의 의견이 같음
- **초기** | 어떤 기간의 처음이 되는 시기
- **왕권** | 임금이 가지고 있는 힘이나 권리
- **무능하다** | 어떤 일을 할 능력이나 재주가 없다
- **합의하다** | 서로 의견이 같다
- **부족장** | 부족의 우두머리
- **정복하다** | 다른 민족이나 나라를 힘으로 쳐서 복종시키다
- **강화하다** | 힘을 더 강하게 하다
- **재상** | 임금을 돕고 모든 관리를 감독하는 일을 맡아보던 아주 높은 벼슬

역사 지식

◆ 화백 회의

신라의 지배 세력들이 모여 나라의 중요한 일을 결정하던 신라의 귀족 회의예요. 귀족 중에서 신분이 가장 높은 상대등이 회의를 이끌었고 나라의 중대사를 만장일치로 결정했어요.

◆ 제가 회의

고구려의 귀족 회의예요. 제가 회의에서 부족장들이 모여 나라의 중요한 일을 의논했어요. 왕위 계승 문제나 전쟁 및 정복 활동, 나라의 안전과 관련된 일들을 논의하고 결정했어요. 왕권이 강화되며 제가 회의의 역할이 약해지긴 했지만, 고구려가 멸망할 때까지 제가 회의는 계속 존재했어요.

◆ 정사암 회의

백제의 귀족 회의예요. 회의에서 재상으로 뽑힌 사람은 회의의 우두머리가 되고 '좌평'이라는 벼슬을 받았어요. 이것 때문에 좌평 회의라고도 불렀어요.

소금 팔던 그 남자는 어쩌다 왕이 되었을까?

서기 4세기 뉴스 1 2 3 4 5 6 7 8 9 10

그 남자의 이름은 을불. 남의 집에서 **머슴살이**를 하다가, 소금 장수가 된 사람이에요. 그런데 그가 15대 고구려 왕이 됐대요. 소금 장수가 왕이 됐다니, 이게 어찌 된 일이었을까요?

살아남기 위해 도망친 그 남자의 이야기

을불은 사실 고구려 왕족 출신이었어요. 큰아버지가 고구려 14대 봉상왕이었거든요. 그런데 봉상왕은 사납고 악하기로 유명했어요. 봉상왕은 자신의 작은 아버지가 백성들의 존경을 받자 샘을 내며 그를 죽여 버렸고요, 자신의 남동생, 즉 을불의 아버지를 **반역자**라고 의심하며 죽여 버려요. 을불은 도망칠 수밖에 없었어요. 봉상왕이 을불마저 해치려고 했거든요. 을불은 궁궐에서 도망쳐 나와서 숨어 살아요. 머슴살이를 하며 비참한 생활을 이어 가다 소금 장수까지 하게 되죠. **염전**에서 소금을 구해다가 이곳저곳에 소금을 팔며 살아가고 있었어요.

당시 백성들의 삶은 아주 힘들었어요. 흉년이 계속돼 먹을 것이 없었거든요. 그럼에도 불구하고 봉상왕은 백성들의 어려움에는 아랑곳하지 않고 화려한 궁궐을 짓는 등 사치스러운 생활을 계속해 나갔어요. 신하들은 참다못해 봉상왕을 왕 자리에서 몰아내야겠다고 결심하고 **쿠데타**를 일으켰고, 이에 봉상왕은 스스로 목숨을 끊고 말아요. 그 후 신하들은 을불을 찾아가 고구려의 왕이 되어 달라고 간절히 부탁해요.

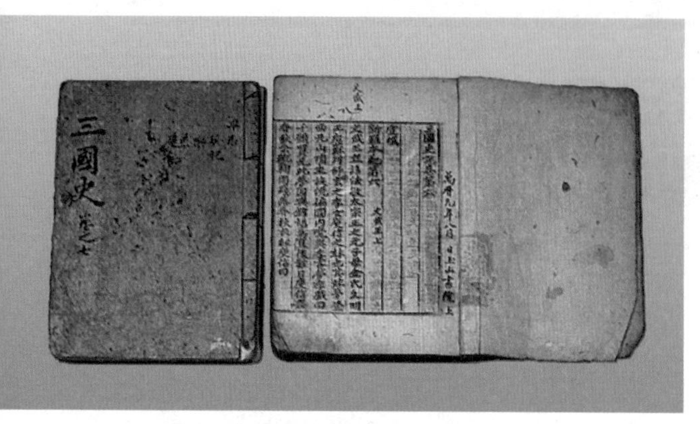

《삼국사기》에 미천왕에 대한 기록이 있어요.
출처_국가유산청

왕이 된 을불의 그 뒷이야기

을불은 고구려 15대 왕, **미천왕**이 되었어요. 왕위에 오른 뒤 미천왕은 고구려의 **영토**를 크게 넓혔어요. 또 미천왕은 백성들이 풍족한 생활을 할 수 있도록 애썼어요. 소금을 팔며 지내던 시절에 백성들이 얼마나 힘든 삶을 살아가는지 직접 겪어 봤기 때문이었어요. 미천왕이 다스리던 때 고구려는 농업과 상업이 발전했을 뿐만 아니라, 장차 고구려가 크게 발전해 **강대국**이 될 수 있는 기초를 마련했어요.

안악 3호분 고분 벽화 | 출처_국가유산청
이 인물이 미천왕이라고 추정하기도 해요.

미천왕은 살아생전 훌륭한 왕이었지만 죽은 뒤 굴욕적인 일을 겪어요. 미천왕의 아들 고국원왕이 고구려를 다스리던 342년에 중국의 전연이라는 나라가 고구려를 쳐들어왔는데, 이때 전연이 미천왕의 무덤을 파헤쳐 시신을 중국으로 가져가 버리는 사건이 벌어졌거든요. 고국원왕의 노력 끝에 1년이 지나서 미천왕의 시신을 돌려받게 되지만, 미천왕의 **파란만장한** 삶은 죽어서까지 계속되었던 거예요.

역사 문해력 키우기

Q 미천왕의 생애를 한 편의 영화처럼 가족들에게 이야기해 보세요.

역사 상식

◆ **다음 빈칸을 채우세요.**

소금 장수를 하다가 고구려 왕이 된 사람은 ☐☐☐ 이에요.

◆ **맞으면 O, 틀리면 X 하세요.**

1. 을불은 봉상왕에게서 도망쳐 나와 소금 장수를 하며 살았어요. ☐
2. 봉상왕은 백성들의 어려움을 잘 헤아려 주는 왕이었어요. ☐
3. 미천왕이 왕위에 오른 뒤 고구려의 농업과 상업이 발전하고 영토도 커졌어요. ☐

어휘 풀이

- **머슴살이** | 남의 집안일과 농사일을 하며 사는 것
- **반역자** | 임금의 권한을 빼앗으려고 한 사람
- **염전** | 바닷물을 막아 햇볕에 말려 소금을 만드는 곳
- **쿠데타** | 군인들을 한데 모아 정권을 빼앗으려고 갑자기 벌이는 행동
- **영토** | 한 나라의 땅
- **강대국** | 힘이 세고 큰 나라
- **파란만장하다** | 일이나 인생이 변화가 심하고 여러 가지 어려움이 많다

역사 지식

◆ **미천왕**

300년~331년 동안 고구려를 다스린 제15대 왕이에요. 큰아버지인 봉상왕에게서 도망쳐 소금 장수로 살다가 봉상왕이 죽고 왕이 되었어요. 영토를 넓히고 농업과 상업을 발전시켜 고구려를 지혜롭게 다스렸어요. 세상을 떠나고 무덤이 파헤쳐진 뒤로 어느 곳에 다시 묻혔는지 알려지지 않았어요.

잘나가던 고구려가 수도를 옮긴 까닭은?

2024년, 한국에서 가장 많은 사람이 살고 있는 도시는 어디일까요? 바로 서울입니다. 사람들이 서울로 모여들면서 물가와 집값이 계속 오르고, 취업 경쟁도 심해져 젊은 사람들이 결혼과 출산을 미루고 있죠. 이를 해결하고자 정부에서 수도 **이전**을 논의한 적이 있지만, 현실적인 어려움에 부딪혀 실행하진 못했어요. 현대에도 복잡한 수도 이전, 고대에는 할 수 있었을까요?

그 어렵다는 수도 이전, 고구려는 굳이 왜 했을까?

4세기에 나라 힘을 크게 키운 고구려는 **장수왕** 때 국내성에서 평양으로 수도를 옮겼어요. 당시 고구려는 인구가 크게 늘어 **영토**를 효율적으로 관리해야 했는데, 이를 위해서는 왕권을 더욱 강화해야 했어요. 왕권 강화를 위해서 가장 시급한

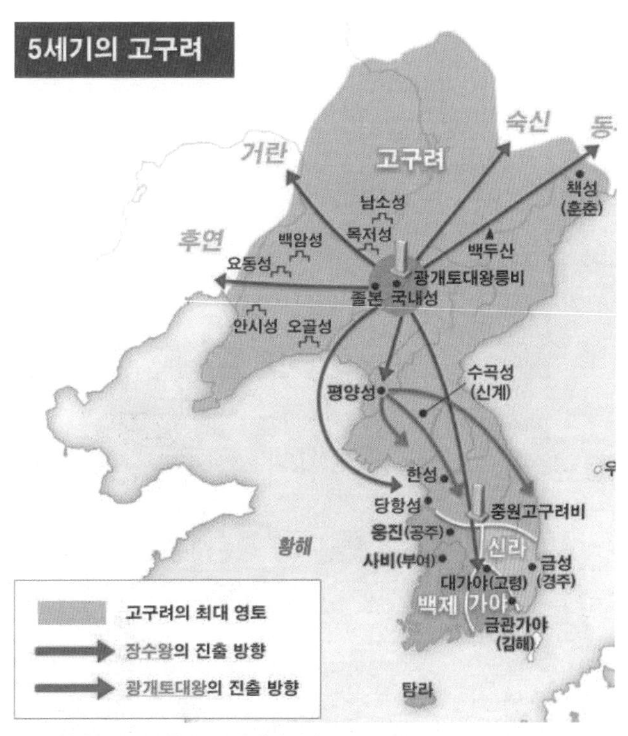

| 광개토 대왕과 장수왕이 영토를 확장해 가는 모습이에요.

것은 뭐니 뭐니 해도 귀족의 힘을 억누르는 것이었어요. 장수왕은 수도 이전을 통해 국내성에서 무려 400년 넘게 힘을 키워 온 귀족들의 **세력**을 **견제하고자** 했어요. 또 장수왕은 나라를 위한 생각이 아버지 광개토 대왕과는 사뭇 달랐어요. 광개토 대왕은 전쟁을 일으키며 동서남북으로 **정복** 활동을 벌였지만, 장수왕은 고구려가 국제 무대에서 쭉쭉 뻗어 나가기를 바랐죠. 높은 산들이 솟아 있고 땅이 험했던 국내성은 전쟁 때 적의 공격을 막기에는 좋았지만, 다른 나라와 **교류하기에는** 어려웠어요. 이에 장수왕은 고구려의 국제적 **위상**을 높이기 위해서는 수도를 평양으로 옮겨야 한다고 판단한 거예요.

그렇다면 수도를 어떻게 옮겼을까요? 어느 날 갑자기 옮겨 버린 걸까요? 아니에요. 평양으로의 수도 이전은 장수왕 때 이뤄졌지만, 실은 광개토 대왕 때부터 준비한 것으로 보여요. 광개토 대왕 때부터 평양에 절

중국 길림성 지안현에 위치한 장군총 | 출처 국가편찬위원회
무덤의 주인을 광개토 대왕, 또는 장수왕이라고 보는 견해로 나뉘어요.

과 도시를 만들어 주민들을 **이주**시켰거든요. 즉 평양 천도는 아버지 광개토 대왕과 아들 장수왕, 2대에 걸친 작업이었던 거예요.

평양으로 옮기고선 뭐가 더 좋아졌을까?

평양의 기름진 땅은 고구려인들의 삶을 더 풍요롭게 만들었어요. 또 평양은 교통 중심지라서 한반도 남부로 나아갈 때도, 바닷길을 이용해 중국의 여러 나라와 교류할 때도 편리했지요. 고구려는 평양으로 수도를 옮긴 후, 경제적, 정치적 발전을 이루어 최대 **전성기**를 누려요. 평양의 장점을 잘 활용한 데다 장수왕의 뛰어난 외교 정치, **막강한** 군사력까지 더해져 고구려는 동아시아의 중심을 이루는 한 나라로 떠오르게 됐어요.

역사 문해력 키우기

Q 여러분이 고구려 사람이었다면 수도가 국내성일 때가 더 좋았을까요? 평양일 때가 더 좋았을까요? 고구려 사람이 되었다고 생각해 보고 여러분의 생각을 이야기해 보세요.

역사 상식

◆ **다음 빈칸을 채우세요.**

장수왕은 약 400년간 고구려의 도읍지였던 국내성에서 [ ][ ] 으로 수도를 옮겼어요.

◆ **맞으면 O, 틀리면 X 하세요.**

1. 장수왕이 수도를 이전한 이유 중 하나는 귀족 세력을 견제하기 위해서였어요. [ ]
2. 장수왕은 광개토 대왕처럼 전쟁을 통해 영토를 넓혀 나가고자 했어요. [ ]
3. 수도를 옮긴 후로 고구려는 경제적, 정치적으로 더 발전했어요. [ ]

어휘 풀이

- **이전** | 장소나 주소 등을 다른 곳으로 옮김
- **영토** | 한 나라의 땅
- **세력** | 권력으로 가지게 되는 힘
- **견제하다** | 상대방이 자유롭게 행동하거나 힘이 강해지지 못하도록 하다
- **정복** | 다른 민족이나 나라를 힘으로 쳐서 복종시킴
- **교류하다** | 문화나 생각 등을 서로 주고받다
- **위상** | 어떤 것이 다른 것과의 관계 속에서 가지는 위치나 상태
- **이주** | 원래 살던 집을 떠나 다른 집으로 옮김
- **전성기** | 힘이나 세력 등이 한창 활발한 시기
- **막강하다** | 맞서 싸울 수 없을 만큼 매우 강하다

역사 지식

◆ **장수왕**

413년~491년 동안 고구려를 다스린 제20대 왕이에요. 427년에 도읍지를 북쪽인 국내성에서 남쪽인 평양으로 옮겼어요. 왕권을 강화하고 다른 나라들과의 교류를 늘리면서 고구려의 전성기를 이끈 능력 있는 왕이었어요. 이름 그대로 장수해서 98살까지 살다가 세상을 떠났어요.

복수와 배신의 드라마, 한강 앞에 영원한 친구는 없다

삼국 시대 전반 뉴스 1 2 3 4 5 6 7 8 9 10

여러분은 어떤 친구와 친해요? 친했다가 멀어진 친구도 있어요? 나라 간에도 더 친하게 지내는 나라, 서로 돕는 **동맹** 관계의 나라가 있는데요, 이들은 어떨 땐 가까웠다가 또 어떨 땐 사이가 멀어지기도 해요. 삼국 시대 고구려와 백제, 신라가 딱 그랬어요. 이들 사이엔 숨 막히는 복수와 배신이 끝없이 이어졌거든요.

복수와 배신의 드라마가 시작됐다

삼국 중 가장 힘이 약했던 나라, 신라의 이야기부터 해볼게요. 신라는 **초반**에 나라를 세운 주요 **세력**인 박 씨, 석 씨, 김 씨가 이사금이라 불리는 국가 지배자 자리를 돌아가며 차지했어요. 그래서 고구려나 백제에 비해 **중앙 집권적** 정치 **체제**를 이루는 데 시간이 오래 걸렸어요. 그러나 5세기에 이르러 변화의 바람이 불어와요. 이사금을 '마립간'이라는 이름으로 바꾸어 부르며 김 씨 세력이 권력을 독차지하게 됐거든요. 마립간은 사실상 왕과 같았고, 그들은 왕으로서 힘을 점점 키워 나가기 시작했죠.

| 광개토 대왕 | 출처_표준문화포털

신라가 점차 사회적인 안정을 찾아가던 5세기 무렵, 고구려 광개토 대왕이 할아버지 고국원왕의 원수를 갚

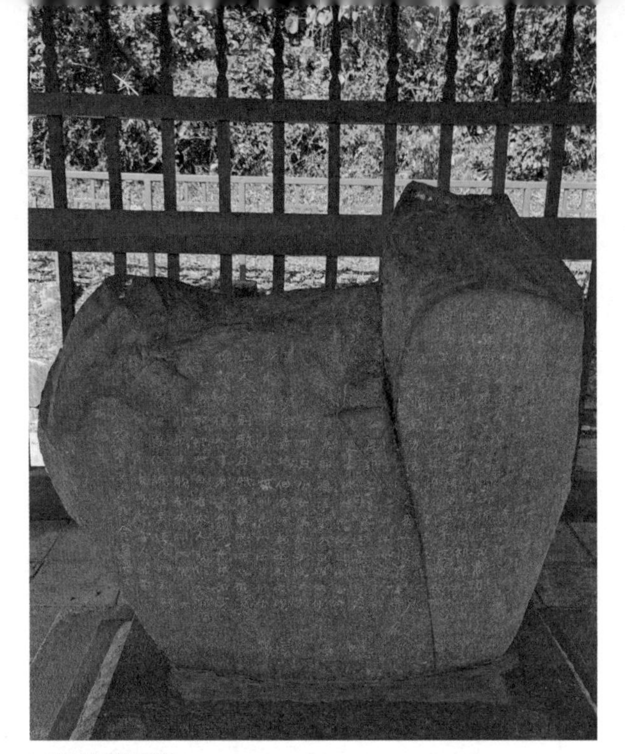

신라 적성비 (단양)
신라가 고구려 영토인 적성 지역을 점령한 것을 기념하기 위해 세운 <신라 적성비>예요. 신라 진흥왕 때 세워진 것으로 보여요.

기 위해 백제의 수도 한성을 공격하는 사건이 벌어져요. 고구려의 대규모 공격으로 수도마저 **포위당하자**, 백제 아신왕은 항복하고 말아요. 하지만 아신왕은 고구려 앞에선 항복하는 척하고 뒤로는 다른 마음을 먹었어요. 가야와 왜(일본)와 몰래 동맹 관계를 맺고선 고구려에 맞설 궁리를 했죠. 그 첫 번째 공격 대상은 당시 고구려와 친하게 지내던, 약해서 만만했던 나라, 신라였어요. 공격받은 신라는 고구려에 도움을 요청했고, 이에 광개토 대왕은 5만 명의 군사를 보내 신라를 왜의 공격으로부터 지켜 냅니다.

전에 도와준 건 고마운데 말이야, 이제 간섭 좀 그만해

고구려는 그 이후로 신라 나랏일에 사사건건 간섭하기 시작해요. 신라 왕위 **계승**에도 이래라저래라 했죠. 신라는 슬슬 지쳐 갔고, 고구려의 손아귀에서 벗어나고 싶어 해요. 결국 신라는 455년에 고구려에 등을 돌려요. 그 당시 고구려가 백제를 공격한 사건이 벌어졌는데, 그때 신라가 고구려를 배신하고 백제를 도와요. 백제와 **나제 동맹**을 맺음으로써 고구려의 영향력 아래에서 벗어나고자 한 거예요. 이후 거의 백 년 동안 백제와 신라는 나라 간 결혼 동맹도 맺으면서 가까운 관계를 유지해 나갔어요. 또 고구려의 공격을 받으면 서로 즉각 도와줬지요.

그럼 백제와 신라의 관계는 영원했을까요? 그러나 그들의 사이도 한강 앞에서는 무너지고 말아요. 점차 힘을 키워 가던 신라는 나라 발전에 한강이 절실하게 필요해지자, 결단을 내립니다. 백제 성왕이 나제 동맹을 굳게 믿고 있는 틈을 타 한강 **유역**을 빼앗아 버리기로요. 신라는 이번엔 백제를 배신하며 공격한 거죠. 한강을 차지한 신라는 이때부터 한반도에서 **막강한** 힘을 갖게 돼요. 가장 약한 나라였던 신라가 고구려, 백제 사이에서 배신과 복수의 드라마를 넘나들며 가장 강한 나라로 **거듭나게** 된 거예요.

신라 진흥왕 순수비 | 출처_국립중앙박물관
한강 유역을 차지한 뒤, 신라 제24대 왕 진흥왕이 이 지역을 방문한 것을 기념하기 위해 세운 <서울 북한산 신라 진흥왕 순수비>예요.

역사 문해력 키우기

Q 여러분 생각에 신라는 어떤 나라인 것 같아요? 자유롭게 이야기해 보세요.

역사 상식

◆ **다음 빈칸을 채우세요.**

삼국 중 처음엔 가장 약했지만 결국 가장 강한 나라로 거듭난 나라는 ☐☐ 예요.

◆ **맞으면 O, 틀리면 X 하세요.**

1. 신라는 고구려, 백제와 비슷한 시기에 왕이 있었어요. ☐
2. 광개토 대왕은 왜의 공격을 받은 신라를 도와줘요. ☐
3. 신라와 백제의 동맹 관계는 삼국 통일 때까지 이어져요. ☐

어휘 풀이

- **동맹** | 둘 이상의 개인이나 나라 등이 이익을 위해서 서로 도울 것을 약속하는 것
- **초반** | 어떤 일이나 일정한 기간의 처음
- **세력** | 어떤 특징이나 힘을 가진 무리
- **중앙 집권적** | 나라를 다스리는 권력이 지방에 흩어져 있지 않고 중앙 정부에 집중된
- **체제** | 나라의 전체적인 틀
- **포위당하다** | 주위에 빙 둘러싸이다
- **계승** | 왕이나 권력자의 자리를 물려받음
- **유역** | 강의 주변 지역
- **막강하다** | 맞서 싸울 수 없을 만큼 매우 강하다
- **거듭나다** | 지금까지의 방식이나 태도를 버리고 새롭게 시작하다

역사 지식

◆ **나제 동맹**

433년 고구려 장수왕에게 대항하기 위해 신라 눌지왕과 백제 비유왕이 서로를 돕자고 약속한 일이에요. 493년 백제 동성왕이 신라 왕족과 결혼하면서 동맹이 더욱 강해졌어요. 하지만 553년 신라 진흥왕이 백제를 배신하고 한강 유역을 빼앗으면서 동맹이 깨졌어요. 그 뒤로 백제가 멸망하는 660년까지 두 나라는 화해하지 않았어요.

우리나라 최초의 스파이, 그는 누구일까?

서기 5세기 뉴스 1 2 3 4 5 6 7 8 9 10

2023년 미국 국방부의 중요한 문서가 **유출되는** 사건이 일어났어요. 그 사건으로 인해 미국이 한국을 포함한 **동맹국**까지 **도청했다**는 사실이 드러났죠. 남의 나라 비밀을 몰래 알아내서는 정치적으로 이용하는 스파이는 인류 역사와 줄곧 함께했다고 하는데요, 그렇다면 우리나라 역사에서 최초로 등장하는 스파이는 누구일까요?

그의 이름은 도림! 백제를 몰래 염탐하다

도림은 고구려 장수왕 때의 승려로, 백제로 넘어가 **첩자** 역할을 제대로 해냅니다. 당시 장수왕은 백제를 멸망시킬 기회를 호시탐탐 노리고 있었어요. 백제는 371년에 고국원왕을 죽인 원수의 나라였기 때문이에요. 장수왕은 백제의 상황을 캐내고 백제를 멸망시킬 **계략**을 짜기 위해 도림을 백제로 보내요.

백제 의자왕이 일본에 선물한 것으로 알려진, 일본에 현존하는 가장 오래된 바둑판이에요. | 출처_일본 정창원

도림은 고구려에서 죄를 짓고 백제로 간 것처럼 상황을 꾸미고, **바둑**을 좋아하는 **개로왕**에게 바둑을 가르쳐 주겠다고 접근해요. 실제로 도림은 바둑에 매우 뛰어난 인물이었어요. 도림과 바둑을 둔 개로왕은 도림

| **개로왕** | 출처_전통문화포털

의 바둑 실력에 깜짝 놀랍니다. 이윽고 도림에게 푹 빠져 버리죠. 너무 늦게 만난 것이 아쉬울 뿐이라고 말하면서까지요. 개로왕의 **신임**을 얻은 도림은 그때부터 백제의 힘을 약하게 만드는 갖가지 조언을 하며, 개로왕의 마음을 흔들어 놓아요.

도림은 개로왕에게 백제는 군사적으로 안전한 위치에 있으니 군사 대비는 하지 않아도 된다고 하면서 그 대신 궁궐을 지으라고 해요. **국력**을 낭비하게 하고 나라 경제 사정을 악화시키려는 속셈이었죠. 도림의 말을 그대로 따른 개로왕 때문에 백성들의 **민심**도 자연스럽게 흉흉해졌어요. 《삼국사기》에는 이 같은 상황에 대해 "백성들을 모조리 강제로 모아서는 흙을 쪄서 성을 쌓고, 그 안에 궁실을 지으니 웅장하고 화려했다. 이 때문에 **국고**가 텅 비고 백성들이 가난해져 나라가 위기에 빠졌다"라고 쓰여 있어요.

바둑 간첩 때문에 개로왕, 목숨을 잃다

백제의 국력이 약해질 대로 약해진 것을 확인한 도림은 장수왕에게로 곧장 달려가 이 사실을 알립니다. 장수왕은 이 틈을 놓치지 않고 3만 군사를 이끌고 백제의 수도, 한성(지금의 서울)을 공격해요. 475년, 장수왕은 백제의 수도 한성을 **함락**시키고 한강 유역을 차지하고선 백제의 개로왕을 죽여요. 고국원왕을 죽였던 백제에 거의 100년 만에 복수할 수 있었던 거죠. 바둑과 도림의 거짓말에 정신이 팔렸던 개로왕은 결국 처참하게 죽음을 맞이하고 만 거예요.

아차산 성터
백제 개로왕은 고구려 장수왕의 공격을 받고 7일 만에 성이 함락된 후 포로로 잡혀요. 그리고 살해당한 곳이 아차산성이었어요.

역사 문해력 키우기

Q 도림과 개로왕은 각각 어떤 인물이었어요? 알게 된 사실을 바탕으로 설명해 보세요.

역사 상식

◆ **다음 빈칸을 채우세요.**

우리나라 역사 최초의 스파이는 고구려의 승려 ☐☐ 이에요.

◆ **맞으면 O, 틀리면 X 하세요.**

1. 장수왕은 백제를 멸망시킬 계획을 짜기 위해 스파이를 백제로 보냈어요. ☐
2. 개로왕은 궁궐을 지으라는 도림의 말을 따르지 않았어요. ☐
3. 도림의 꾐에 넘어간 개로왕은 결국 죽음을 맞이해요. ☐

어휘 풀이

- **유출되다** | 귀한 물건이나 정보 등이 불법적으로 외부로 나가 버리다
- **동맹국** | 이익을 위해 서로 도울 것을 약속한 나라
- **도청하다** | 남이 하는 이야기, 전화 통화 내용 등을 몰래 엿듣거나 녹음하다
- **염탐하다** | 몰래 남의 사정을 살피고 조사하다
- **첩자** | 다른 나라나 단체의 비밀 정보를 알아내어 자신의 나라나 단체에 넘겨주는 일을 하는 사람
- **계략** | 어떤 일을 이루기 위해 생각해 낸 꾀
- **신임** | 일을 맡길 수 있는 믿음
- **국력** | 한 나라가 경제, 문화, 군사, 정치 등 모든 분야에 걸쳐 가지고 있는 힘
- **민심** | 일반 국민의 생각과 마음
- **국고** | 나라의 재산인 곡식이나 돈 따위를 넣어 보관하던 창고
- **함락** | 적의 성 등을 공격해 무너뜨림

역사 지식

◆ **도림**

고구려 장수왕의 명령을 받고 첩자가 되어 백제로 떠난 스님이에요. 개로왕을 속여 고구려가 한강 유역을 차지하는 데 큰 공을 세웠어요. 언제 태어나 언제 죽었는지도 알려지지 않은 불가사의한 인물이에요.

◆ **바둑**

두 사람이 바둑판 앞에 마주 앉아 각각 검은 돌과 흰 돌을 번갈아 두는 시합이에요. 한국에서 바둑을 두었다는 기록은 《삼국사기》에 개로왕과 도림의 이야기로 처음 등장해요. 이를 통해 5세기에 바둑이 백제 지배층 사이에서 유행했다는 것을 알 수 있어요. 일본에서는 백제 의자왕이 보냈다고 하는 바둑 유물도 발굴되었어요. 또, 《삼국유사》를 보면 신라 효성왕이 바둑을 두었다는 기록도 있어요.

◆ **개로왕**

455년~475년 동안 백제를 다스린 제21대 왕이에요. 고구려의 첩자 도림에게 속아 백제의 수도를 고구려에 빼앗겼어요. 이 일로 개로왕은 목숨을 잃고, 백제는 어쩔 수 없이 수도를 웅진으로 옮기게 되었어요.

누가 뭐래도 독도가 우리 땅인 이유, 여기 있어요!

한 걸그룹이 유튜브 방송에서 '독도는 우리 땅' 노래 일부를 불러 일본 누리꾼들로부터 거센 항의를 받았다고 해요. 일본 누리꾼들은 걸그룹이 반일 노래를 불러 실망했다면서 독도가 한국 땅이라는 증거가 있냐고 따져 물었대요. 독도가 한국 땅이라는 증거가 있냐고요? 네, 누가 뭐래도 독도가 한국 땅인 근거가 여기 있습니다.

무려 1,500여 년 전 삼국 시대부터 독도는 우리 땅이었다고요!

신라 지증왕 때 **우산국**이라는 나라에 사는 사람들이 신라의 골칫거리였다고 합니다. 우산국은 지금의 울릉도와 독도에 위치한 나라였는데, 우산국 사람들이 신라로 넘어와 **약탈하고** 신라 사람들을 괴롭혔거든

| 독도의 봄의 풍경 | 출처_외교부 독도 홈페이지

요. 이에 지증왕은 **이사부**를 보내 우산국을 **정벌하게** 하고 울릉도와 독도를 신라 땅으로 만들었어요. 《삼국사기》에는 이사부 장군의 우산국 정벌에 대해 "우산국 사람들은 어리석고 사나워 힘으로 복종시키기가 어려우므로 꾀를 내어 굴복시키는 것이 좋겠다"라고 기록돼 있어요. 이사부는 나무로 가짜 사자를 조각해 배에 싣고 우산국으로 가서, 복종하지 않으면 맹수를 풀어 버리겠다고 말해 우산국 사람들의 항복을 받아 냈다고 해요. 이사부는 이렇게 우산국을 신라 땅으로 만들었어요.

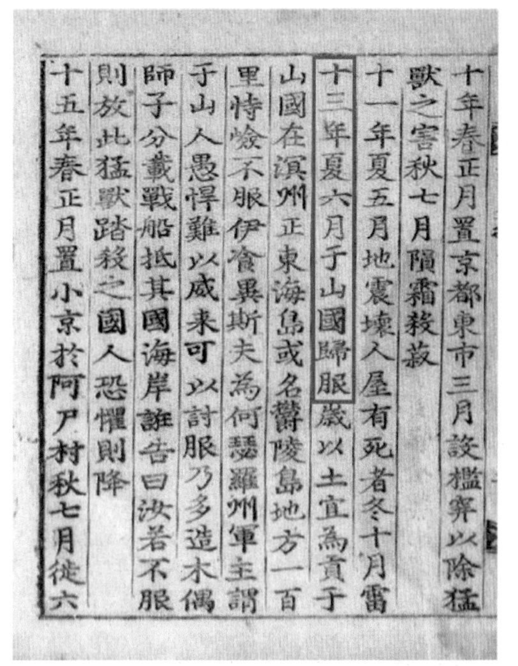
十年春正月置京都東市三月設檻穽以除猛
獸之害秋七月隕霜殺菽
十一年夏五月地震壞人屋有死者冬十月雷
十三年夏六月于山國歸服歲以土宜爲貢于
山國在溟州正東海島或名鬱陵島地方一百
里恃嶮不服伊飡異斯夫爲何瑟羅州軍主謂
于山人愚悍難以威來可以計服乃多造木偶
師子分載戰船抵其國海岸誑告曰汝若不服
則放此猛獸踏殺之國人恐懼則降
十五年春正月置小京於阿尸村秋七月徙六

지증왕 13년에 이사부가 우산국을 정복했다는 기록이 《삼국사기》에 있어요. | 출처_동북아역사재단

그러니까 독도는 이때부터 우리 땅이었단 말이죠!

독도 이야기의 중심에 선 두 남자, 지증왕과 이사부

이사부에게 우산국을 정벌하도록 명령한 왕은 지증왕이었어요. 지증왕은 신라 제22대 왕으로, 왕위에 오를 당시의 나이가 무려 64세였죠. 지증왕은 그 어떤 왕보다 **왕권 강화**와 신라의 발전을 위해 적극적으로 노력했어요. 지증왕은 순장을 금지하고 소를 농사에 이용하도록 했어요. 또 나라 이름을 신라로 부르기 시작한 것도 지증왕 때부터였죠. 지증왕은 동해를 중요하게 생각해서 그곳을 이사부에게 관리하게 했어요.

독도를 우리 땅으로 만든 이사부는 어떤 인물이었을까요? 이사부는 지증왕의 명령에 따라 동해를 맡아 관리했던 **군주**였어요. 이사부는 지혜

| **이사부** | 출처_전통문화포털

롭고도 능력이 뛰어난 장군이었어요. 그는 우산국 정벌 외에도 가야국을 빼앗고 고구려와 백제의 성을 **함락**시키기도 했어요. 이사부 하면 독도만 떠올리게 되지만, 실은 지증왕과 진흥왕으로 이어지는 시기 신라 발전의 핵심적인 인물이었답니다.

역사 문해력 키우기

Q 독도가 일본 땅이라고 주장하는 일본 누리꾼들에게 독도가 한국 땅이라는 사실을 근거를 들어 설명해 보세요.

역사 상식

◆ **다음 빈칸을 채우세요.**

신라 지증왕 때 우산국을 정벌해 신라 땅으로 만든 사람은 □□□ 예요.

◆ **맞으면 O, 틀리면 X 하세요.**

1. 신라 지증왕 때 우산국 사람들이 신라로 와 신라 사람들을 괴롭혔어요. □
2. 지증왕은 어린 나이에 왕위에 올랐지만, 지혜롭고 능력이 뛰어났어요. □
3. 이사부는 우산국 정벌을 포함해 신라 발전에 많은 도움을 준 인물이에요. □

어휘 풀이

- **약탈하다** | 폭력을 사용해 남의 것을 빼앗다
- **정벌하다** | 적이나 나쁜 무리를 힘으로 물리치다
- **왕권** | 임금이 가지고 있는 힘이나 권리
- **강화** | 힘을 더 강하게 하는 것
- **군주** | 지방을 다스리던 벼슬이나 관리
- **함락** | 적의 성 등을 공격해 무너뜨림

역사 지식

◆ **우산국**

지금의 울릉도에 있었던 작은 나라예요. 512년 신라 지증왕이 우산국을 정복해서 신라 땅으로 만들었어요. 《삼국사기》에 신라가 우산국을 정복한 기록이 남아 있는데, 이는 독도가 우리나라 땅이라는 사실을 받쳐 주는 근거 중 하나예요.

◆ **이사부**

우산국을 신라 땅으로 만든 장군이에요. 내물왕의 후손으로, 지증왕 때부터 법흥왕을 거쳐 진흥왕 때까지 활약하며 이름을 떨쳤어요. 또, 역사를 기록하는 것의 중요성을 알고 역사서 《국사》를 만들도록 했어요.

신라 어느 촌주의 반성문, "제 잘못을 알립니다"

목간 | 출처_국가유산청
함안 성산산성에서 목간이 출토된 당시 모습이에요.

함안 성산산성에서 매우 흥미로운 목간이 **출토됐어요**. 그 목간에는 6세기경 신라의 한 **촌주**가 쓴 반성문이 담겨 있었어요. 법을 잘못 지킨 것을 알게 된 촌주가 두려워하며 윗사람에게 자신의 잘못을 보고했던 거예요.

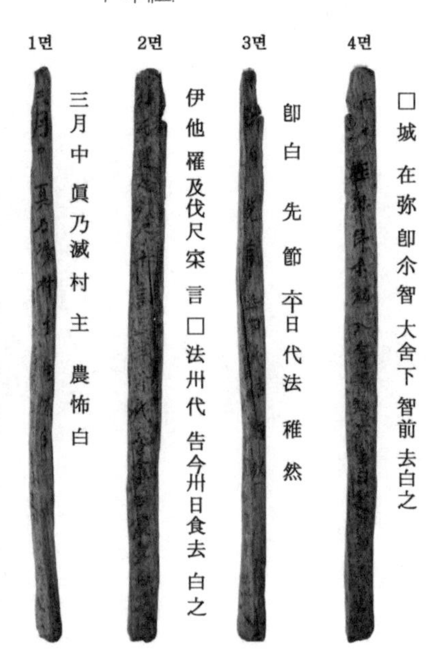

4면 목간 내용을 분석해 보면, 당시 신라가 율령을 반포하고 국가를 통치했다는 것을 알 수 있어요. | 출처_국가유산청

촌주가 반성문을 쓸 수밖에 없었던 이유는

당시 신라에는 사람들이 두려워할 만큼 엄격한 **율령**이 있었기 때문이었어요. 율령은 나라를 다스리는 데 필요한 법과 제도를 말해요. '율'은 어떤 행동이 죄가 되는지, 그 죄를 지으면 어떤 벌을 받게 되는지를 정해 놓은 **형벌 법규**예요. '령'은 나라를 다스리는 데 필요한 제도와 규범에 관한 내용이에요. 삼국은 **중앙 집권적 체제**가 마련될 무렵, 율령을 만들어 널리 알리며 왕을 중심으로 나라를 다스렸답니다.

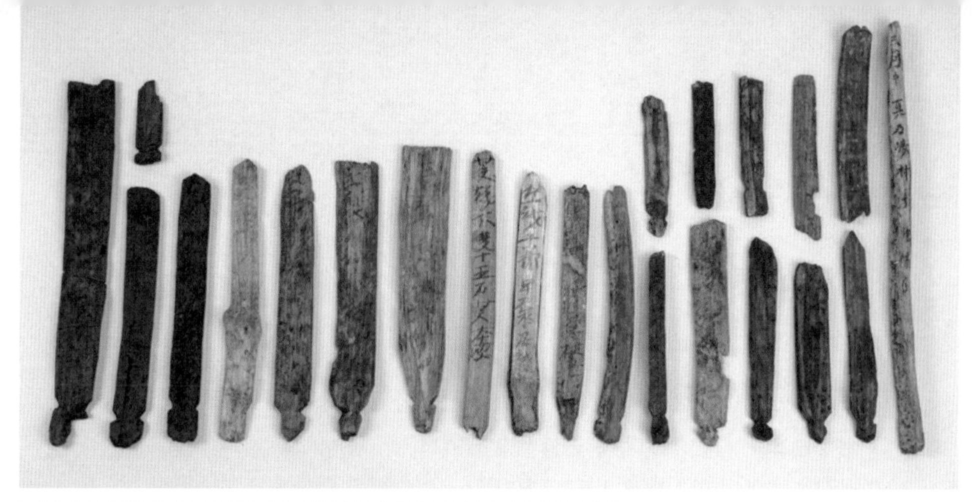

| 함안 성산산성 17차 발굴 조사에서 출토된 목간 전체 사진이에요. | 출처_국가유산청

율령 반포 후, 달라진 게 있나요?

당시 삼국은 주변국들과의 전쟁을 통해 영토를 넓혀 나가고 있었어요. 국가가 성장하려면 먼저 나라가 안정되어야 했어요. 이를 위해선 왕을 중심으로 백성들을 한데 모으는 게 중요했어요. 하나의 법 아래에서 왕에 권력이 집중되는 중앙 집권적인 체제가 나라 힘을 키우는 데 훨씬 더 효율적이었던 거죠. 이에 삼국은 왕이 율령을 **반포하고 왕권**을 강화해 국가를 **통치하려고** 했어요.

율령 반포로 귀족 **세력**이 약해졌고, 왕권은 크게 강화됐어요. 고구려는 소수림왕 때 율령이 반포된 이후 사회 질서가 바로잡히면서 광개토대왕 때 **전성기**를 맞이합니다. 신라는 법흥왕 때 율령을 반포하고 불교를 받아들이며 진흥왕 때 전성기를 맞이했죠. 백제는 고이왕 때 율령을 반포한 것으로 **추정되는데,** 그 이후 100년 뒤 근초고왕 때 전성기를 맞이하고요. 이렇게 삼국은 율령 반포를 통해 큰 국가 발전을 이루게 됩니다.

역사 문해력 키우기

Q 신라 촌주가 쓴 반성문에는 어떤 내용이 구체적으로 쓰여 있었을까요? 상상해서 이야기해 보세요.

역사 상식

◆ **다음 빈칸을 채우세요.**

나라를 다스리는 데 필요한 법과 제도를 [ ][ ] 이라고 해요.

◆ **맞으면 O, 틀리면 X 하세요.**

1. 삼국은 모두 같은 시기에 율령을 만들었어요. [ ]
2. 율령은 벌에 관한 내용만 다루고 있어요. [ ]
3. 삼국은 율령이 반포된 후 귀족 세력이 약해지고 국가 발전을 이루었어요. [ ]

어휘 풀이

- **출토되다** | 땅속에 묻혀 있던 오래된 물건이 밖으로 나오게 되거나 파내어지다
- **촌주** | 신라 시대에 지방을 관리하던 사람
- **형벌** | 법에 따라 죄를 지은 사람에게 벌을 내리는 것
- **법규** | 법으로 정해져서 따라야 할 규칙
- **중앙 집권적** | 나라를 다스리는 권력이 지방에 흩어져 있지 않고 중앙 정부에 집중된
- **체제** | 나라의 전체적인 틀
- **반포하다** | 널리 퍼뜨려 모두 알게 하다
- **왕권** | 임금이 가지고 있는 힘이나 권리
- **통치하다** | 나라나 지역을 맡아 다스리다
- **세력** | 어떤 특징이나 힘을 가진 무리
- **전성기** | 힘이나 세력 등이 한창 활발한 시기
- **추정되다** | 미루어져 생각되어 판단되고 정해지다

역사 지식

◆ **율령**

나라를 다스리기 위해 만든 법과 제도예요. 나라의 힘을 강하게 만드는 데는 중앙 집권적 체제가 꼭 필요하고, 이 체제를 유지하기 위해서는 백성들에게 율령을 널리 알려야만 해요. 삼국 시대 세 나라의 전성기는 율령을 반포하고 나서 시작됐어요.

우리 역사 속 여왕은 오직 세 명뿐, ○○에만 있었어요

서기 **7세기~9세기** 뉴스 1 2 3 4 5 6 7 8 9 10

2024년, 세계 각국에서 여성 지도자들이 등장하고 있어요. 남성 **우월주의** 국가인 멕시코에서 첫 번째 여성 대통령이 나왔고, 아이슬란드에서는 두 번째 여성 대통령이, **유럽 의회**에서도 유능한 여성 지도자들이 등장했어요. 2024년에도 여성 지도자는 그리 흔치 않은데요, 우리 역사 속에서는 몇 명의 여성 지도자가 있었을까요?

우리 역사 속 여왕들의 이야기

우리 역사 속 여왕은 오직 세 명, 모두 신라에 있었어요. 이들은 신라 27대 선덕 여왕, 28대 진덕 여왕, 51대 진성 여왕이에요. 먼저 선덕 여왕은 어려운 백성들을 **구제해** 주고 세금을 줄여 주었어요. 하늘을 관측하는 **첨성대**를 세워 백성들이 농사를 잘 지을 수 있도록 돕기도 했지요. 또 앞선 **문물**을 받아들이기 위해 당나라에 유학생을 보내기도 했어요. 당시 신라는 백제의 공격으로 위험에 처해 있었는데요, 그럼에도

| 선덕 여왕 | 출처_전통문화포털

첨성대 | 출처_국가유산청
동양에서 가장 오래된 천문 관측대로 선덕여왕 때 건립된 첨성대는 당시의 높은 과학 수준을 보여 주는 문화유산이에요.

무려 80미터에 이르는 **황룡사 9층 목탑**을 세우기도 했어요. 불교의 힘으로 주변 나라의 침입을 막고 그들을 신라에 항복시키겠다는 소망을 목탑에 담았지요.

선덕 여왕에 이어 진덕 여왕은 **왕권**을 강하게 만들어 신라 사회를 안정시키고자 했어요. 진덕 여왕은 백제와 고구려가 더 강해지는 것을 막기 위해, 당나라와 힘을 합했어요. 중국의 제도와 문물 또한 적극적으로 받아들였지요. 그러나 진성 여왕이 왕위에 올랐을 무렵 신라 사회는 매우 혼란스러웠어요. 귀족들의 다툼으로 정치적 혼란이 심했고 농민들에게 지나치게 많은 세금이 매겨진 때였죠. 이것도 모자라 흉년이 들고 전염병까지 돌면서 곳곳에서 농민들이 반발이 심해졌어요.

고구려와 백제에는 왜 여왕이 없었을까요?

고구려나 백제에서는 왕에게 아들이 없으면 왕족 중 한 사람이 왕위에 오를 수 있었지만, 신라에서는 **성골**이 아니면 왕이 될 수 없었어요. 신라는 **골품 제도**를 철저하게 따르는 사회였기 때문이었어요. 그런데 선덕 여왕의 아버지인 진평왕에게는 아들도, 형제도 없었어요. 신라에서는 왕이 될 남자 성골이 없다면 여자 성골도 왕위를 이어 나갈 수 있었기 때문에 진평왕이 죽자 선덕 공주가 왕위를 잇게 된 거죠. 즉, 신라의 골품 제도 때문에 신라에서만 여왕이 등장할 수 있었던 거예요.

역사 문해력 키우기

Q 세 명의 여왕 중에서 누구에게 가장 관심이 가요? 이유는요?

역사 상식

◆ **다음 빈칸을 채우세요.**

우리 역사 속 여왕 세 명은 모두 ☐☐ 에만 있어요.

◆ **맞으면 O, 틀리면 X 하세요.**

1. 선덕 여왕은 첨성대를 세우고 당나라에 유학생도 보냈어요. ☐
2. 고구려와 백제에도 여왕이 있었어요. ☐
3. 신라에서는 여자 성골도 왕이 될 수 있었어요. ☐

어휘 풀이

- **우월주의** | 남보다 낫다고 여기는 태도나 생각
- **유럽 의회** | 유럽의 여러 나라가 참여하는 유럽 공동체의 회의
- **구제하다** | 어려운 사정에 놓인 사람을 도와주다
- **문물** | 정치, 경제, 종교, 예술 같은 문화가 만든 결과물
- **목탑** | 나무로 만든 탑
- **왕권** | 임금이 가지고 있는 힘이나 권리
- **성골** | 신라 시대 신분제인 골품제에서 가장 높은 등급

역사 지식

◆ 첨성대

별을 관측하기 위해 높이 쌓아 올린 건물이에요. 지금까지 남아 있는 첨성대 중에 가장 대표적인 것이 신라 시대 경주의 첨성대예요. 옛날에는 나라의 운명을 점치기 위해서, 그리고 농사를 잘 짓기 위해서 별을 관측했어요.

◆ 황룡사 9층 목탑

경상북도 경주시에 있었던 신라의 목탑이에요. 탑의 층마다 신라가 평화롭기를 바라는 의미를 담아 만들었어요. 고려 시대 때 적의 침입으로 불타 없어지고 지금은 목탑이 있던 자리만 남아 있어요.

◆ 골품 제도

신라 시대의 엄격한 신분 제도예요. 가장 높은 계급인 성골부터 그다음 계급인 진골까지는 왕족이에요. 진덕 여왕이 죽고 성골인 사람들이 남지 않아서, 진골이 왕위를 잇게 되었어요. 무열왕이 최초의 진골 출신 왕이 되었고 그 후로 내물왕 직계가 왕위를 이어 갔어요. 진골 밑으로는 6두품부터 1두품까지 6개의 계급이 있어요.

백제의 마지막 싸움, 황산벌 전투

서기 7세기 뉴스 1 2 3 4 5 6 7 8 9 10

지금으로부터 1,364년 전인 660년 8월 20일, 현재의 충남 논산 연산면 **일대**에서 하늘로 치솟아 오를 듯한 함성이 터져 나왔어요. 그날, 대체 무슨 일이 벌어졌던 걸까요? 이글거리는 해가 쏟아져 내리던 한여름 어느 날. 백제의 마지막 싸움, 황산벌 전투가 치열하게 벌어졌어요. 목숨을 건 백제와 신라의 전투, 그 긴박했던 순간으로 가봅니다.

그 싸움, 꼭 해야만 했나요?

황산벌 전투는 신라와 당나라가 백제를 공격하면서부터 시작됩니다. 그런데 신라와 당나라가 가만히 있던 백제를 그냥 공격한 건 아니었어요. 신라와 백제 사이는 예전부터 이미 골이 깊어질 대로 깊어진 상태였는데 거기에 불을 붙이듯, 백제 의자왕이 642년에 신라의 **대야성**을 **함락**해 버렸거든요. 이때 대야성 **성주**가 죽었는데, 이 성

| **김춘추** | 출처_전통문화포털

주는 보통 사람이 아니었어요. 바로 김춘추(훗날 신라 29대 무열왕)의 사위였어요. 김춘추는 백제의 공격으로 사위와 딸을 잃고 만 거예요. 이것으로 백제와 신라 사이는 철천지원수 사이가 되고 말아요.

신라는 고구려에 도와 달라고 손을 내밉니다. 김춘추는 당시 고구려를 쥐락펴락하던 **실세** 연개소문을 직접 찾아가 도움을 요청하죠. 그러나 고구려는 신라 진흥왕 때 고구려가 잃은 땅을 되돌려주면 도와주겠다고 했어요. 이 말은 김춘추의 부탁을 사실상 거절한다는 뜻이나 마찬가지였어요. 신라는 백제의 위협에 맞서기 위한 다른 해결책을 찾아 나섰어요. 그것은 바로 당나라와 손을 잡는 것이었어요.

백제, 역사 속으로 사라지다

660년 당나라는 바다를 건너와 지금의 금강 하구에서 백제를 공격했

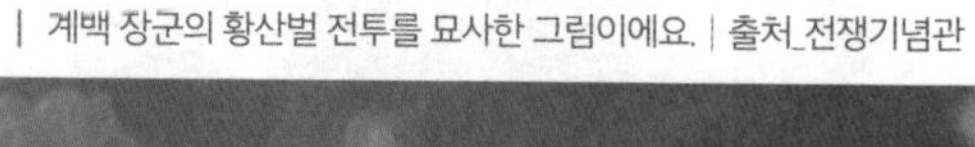
| 계백 장군의 황산벌 전투를 묘사한 그림이에요. | 출처_전쟁기념관

고, 신라 군대는 육로를 통해 **황산벌**로 가기 시작했어요. 다급해진 의자왕은 **계백 장군**에게 신라군과 맞서 싸우라고 명령해요. 황산벌에 신라군보다 먼저 도착한 계백은 가장 험한 곳에서 신라를 공격해 연이어 승리를 차지합니다. 신라군이 **사기를 잃어** 위기에 처하자, 화랑 김유신은 조카인 화랑 반굴을 백제군에게 보내요. 반굴은 용감하게 백제에 맞서 싸우지만 **전사하고** 맙니다. 이어 열여섯 살의 화랑 관창도 백제에 맞섰지만 결국 계백에게 죽임을 당하죠. 젊은 화랑들의 죽음 앞에서 신라군은 다시 힘을 내 백제군을 공격하기 시작했어요. 백제는 신라의 **기세**에 밀려 결국 황산벌 전투에서 패배했어요. 계백을 비롯한 수많은 백제 군사들이 황산벌 전투에서 전사했고, 황산벌 전투는 이렇게 백제의 마지막 싸움이 되고 맙니다.

백제는 멸망한 이후 4년간에 걸쳐 백제를 다시 일으키려는 운동을 이어 가요. 하지만 **백제 부흥**에 앞장서던 지도층 사이에 다툼이 일어나 백제 부흥 운동의 불씨도 꺼지고 맙니다.

역사 문해력 키우기

Q 백제는 어떻게 하다가 멸망했어요? 그 과정을 순서대로 설명해 보세요.

역사 상식

◆ **다음 빈칸을 채우세요.**

660년 황산벌에서 계백이 이끄는 백제군과 김유신이 이끄는 신라군이 벌인 큰 전투를 ☐☐☐ ☐☐ 라고 불러요.

◆ **맞으면 O, 틀리면 X 하세요.**

1. 신라는 660년에 당나라와 손을 잡고 백제를 공격했어요. ☐
2. 나이 어린 화랑들이 백제군에 맞서 싸워 큰 승리를 거뒀어요. ☐
3. 백제는 멸망한 후 백제 부흥 운동을 이어 나가다 나라를 다시 세웠어요. ☐

어휘 풀이

- **일대** | 어느 지역의 전부
- **함락** | 적의 성 등을 공격해 무너뜨림
- **성주** | 성의 우두머리
- **실세** | 실제 권력이나 힘을 가진 사람
- **사기를 잃다** | 이기고자 하는 씩씩한 기운을 잃다
- **전사하다** | 전쟁터에서 싸우다 죽다
- **기세** | 힘차게 뻗치는 기운이나 세력
- **부흥** | 기세가 약해졌던 것이 다시 활발하게 일어남

역사 지식

◆ **대야성 전투**

642년 지금의 경상남도 합천군에 있던 대야성에서 신라와 백제가 벌인 전투예요. 이 전투에서 신라가 백제에 졌고, 이 위기를 해결하는 과정에서 김유신과 김춘추가 중요한 인물로 등장해요. 이후 이 두 사람을 중심으로 삼국 통일이 이루어집니다.

◆ **황산벌 전투**

660년 백제의 계백 장군과 신라의 김유신이 맞서 싸운 전투예요. 황산벌은 지금의 충청남도 논산에 있는 넓은 들판이에요. 이 전투에서 백제는 신라와 당나라의 연합군에 크게 패하면서 멸망하게 돼요.

◆ **계백 장군**

황산벌 전투에서 백제 군사들을 이끈 장군이에요. 신라와 당나라가 끌고 온 5만 명의 군대에 맞서 백제군 5천 명을 이끌어 싸웠어요. 훨씬 적은 군사들로도 신라에 계속 승리했지만, 거세진 신라군의 기세에 밀려 결국 지고 말아요.

◆ **백제 부흥 운동**

660년에 백제가 멸망하고 백제를 다시 일으켜 세우기 위해 일으킨 운동이에요. 신라와 당나라에 맞서 200여 개의 성을 되찾기도 했지만, 부흥 운동의 지도층 사이에서 싸움이 발생하면서 4년 만에 끝을 맺어요.

49

정치

고구려 마지막 지도자, 그는 악인인가? 영웅인가?

서기 7세기 뉴스 1 2 3 4 5 6 7 8 9 10

한국 고대사에서 이 남자만큼 엇갈리는 평가를 받는 인물이 있을까요? 왕을 죽이고 **쿠데타**를 일으킨 천하의 나쁜 독재자 대 당나라에 맞서 고구려를 강한 나라로 만든 영웅이라는 극과 극의 평가를 받는 인물, 그는 바로 연개소문이에요.

금수저 연개소문은 왜 그랬을까?

연개소문의 집안은 고구려 최대 귀족 가문이었어요. 연개소문의 아버지가 돌아가신 뒤, 고구려 최고 **관직**이던 아버지의 자리를 연개소문이 이어받으려고 했지요. 그런데 주변 귀족들이 반대하고 나섰어요. 그 이유는 바로 연개소문의 성격이 잔인하고 포악하다는 것이었어요. 또한 귀족들은 연개소문 집안이 권력을 대대로 물려받는 것도 경계했어요. 당시 고구려 왕이던 영류왕도 연개소문을 탐탁지 않게 생각했고요. 연개소문은 잘못을 빌면서 자세를 한껏 낮추고 어렵게 관직을 물려받았어요. 하지만 속으로는 이를 갈고 있었죠.

한편 영류왕은 이전 왕인 영양왕의 외교 **방침**과 달리 당나라와 평화적인 외교 관계를 맺기 위해 **당 태종**의 무리한 요구를 무조건 다 들어줬어요. 영류왕의 이 같은 외교 방침에 강한 불만을 품은 사람들이 있었는데, 그중 대표적인 사람이 연개소문이었죠. 이에 영류왕을 포함해 당과 좋은 관계를 **유지하려던** 사람들은 눈엣가시 연개소문을 없애려는 계획

| 안시성 전투를 묘사한 그림이에요. | 출처_전쟁기념관

을 세워요. 그러나 연개소문은 당하고만 있지 않았어요. 자신을 제거하려는 계획을 미리 전해 듣고는 귀족들을 한자리에 모아 놓고 모두 죽여 버려요. 그것도 모자라 궁으로 가 영류왕마저 죽이죠. 그리고선 영류왕의 조카를 허수아비 왕으로 세우고 권력을 **장악했어요**.

여기까지 보면 나쁜 사람 맞는 거 같은데요?

당시 당나라 황제, 당 태종은 당나라를 중심으로 천하를 다스리겠다는 큰 그림을 그리고 있었어요. 이 그림을 완성하기 위해서는 고구려를 침략해야만 했죠. 그래서 당 태종은 연개소문이 임금과 신하들을 죽이고 권력을 잡았다는 것을 문제 삼으며 고구려와 전쟁을 일으켜요. 당 태종은 20만 대군을 직접 이끌고 고구려를 공격해요. 하지만 **안시성 전투**에서 크게 패배하고 말아요. 세상 제일가는 장수라고 불리던 당 태종이 고구려에 충격적인 패배를 당하고 만 거죠. 이후 연개소문은 더욱 막강한 권력을 이어 가요. 하지만 연개소문이 죽자, 고구려도 함께 힘을 잃고 말아요. 연개소문 아들들의 권력 다툼이 시작되어 고구려는 **분열되고** 결국 멸망으로 이어졌거든요.

왕과 귀족을 잔혹하게 죽인 남자, 그러나 당의 침략에 물러서지 않고 당나라를 막아 내 고구려를 강하게 만든 남자. 연개소문에 대한 평가는 아직도 엇갈리고 있어요. 연개소문에 대한 여러분의 평가는 어떤가요? 그에 대한 어떤 평가가 맞을까요?

역사 문해력 키우기

Q 여러분은 연개소문을 악인으로 생각해요? 영웅으로 생각해요? 이유를 들어 주장해 보세요.

역사 상식

◆ **다음 빈칸을 채우세요.**

□□□□ 은 임금을 죽이고 권력을 휘둘렀다고 평가되기도 하고, 당나라 침략에 맞서 고구려를 지켜 낸 인물로 평가받기도 하는 고구려 장군이에요.

◆ **맞으면 O, 틀리면 X 하세요.**

1. 연개소문은 당과 친하게 지내려는 왕의 생각에 불만을 품었어요. □
2. 연개소문은 당과의 싸움에서 크게 패배했어요. □
3. 연개소문이 죽은 뒤 고구려는 결국 멸망하고 말아요. □

어휘 풀이

- **쿠데타** | 군인들을 한데 모아 정권을 빼앗으려고 갑자기 벌이는 행동
- **관직** | 관리가 책임지고 맡아서 하는 일이나 그 일에 따른 위치
- **방침** | 앞으로 일을 해 나갈 일정한 방향이나 계획
- **당 태종** | 중국 당나라의 제2대 황제
- **유지하다** | 그대로 이어 나가다
- **장악하다** | 무엇을 마음대로 할 수 있게 휘어잡다
- **분열되다** | 하나의 집단이 여러 개로 갈라져 나뉘게 되다

역사 지식

◆ **안시성 전투**

645년 안시성에서 고구려와 당나라가 맞서 싸운 전투예요. 그 당시 당나라 군사들은 성벽보다 더 높은 흙산을 쌓아 그 위에서 고구려 군사들을 공격하려는 계획을 세웠어요. 하지만 그만 흙산이 무너져 버렸고, 당나라 군대는 전투를 포기하고 돌아갔어요.

50

이 나라 사람 셋이 모이면 호랑이도 당해 낸다!

어느 나라 사람들이길래 이렇게 용감한 걸까요? 맨손으로 호랑이를 당해 낼 용감한 사람들, 바로 발해 사람들입니다.

호랑이도 벌벌 떠는 발해 사람들의 기세는 어디에서 출발한 것일까?

발해는 고구려 **유민**들이 세운 나라였어요. 고구려가 멸망한 후 당나라는 고구려 유민들을 **통치하기** 시작했어요. 하루하루 삶이 고통스러웠던 고구려 유민들은 고구려가 되살아나길 간절히 바랐죠. 그때 한 사람이 혜성처럼 나타납니다. 옛 고구려 장군이던 **대조영**이었어요. 대조영은 고구려가 멸망한 지 30년 만에 고구려 유민들과 함께 동모산에서 발해를 세웁니다(698년). 발해가 건국된 후, 2대 왕 무왕 때까지는 당나라와 치열한 힘겨루기를 해요. 하지만 3대 문왕이 왕이 된 이후에는 당나라와 싸움을 멈추고 200년 가까이 사이좋은 관계를 이어 가며 당나라의 **문물**도 받아들이고 불교도 **수용하죠**. 또 발해는 주변 나라들과 **왕성한 교류**를 이어 나가며 9세기에 이르러 빛나는 **번영**을 이루어요. 당나라는 발해를 '동쪽에 **번성한** 나라'라는 뜻의 해동성국이라 불렀죠.

| **대조영** | 출처_전통문화포털

발해산 모피를 입으면 멋져 보이지! 아무리 더워도 벗지 않을 테야

발해 사람들은 발해에서 생산한 물품들을 가지고 주변 나라들과 활발한 교류를 이어 나갔어요. 특히 일본에서는 발해에서 만든 **담비** 가죽이 큰 인기를 끌었는데요, 얼마나 매끈하고 멋지게 잘 만들었는지, 일본 왕은 아무리 덥고 습한 날에도 발해산 모피를 8벌이나 겹쳐 입고선 벗지 않았다는 기록도 전해지고 있어요.

또 발해는 뛰어난 군사력도 갖추고 있었어요. 과거에는 좋은 말이 전쟁에서 굉장히 중요했는데요, 발해에는 우수한 말이 많이 있었다고 해요. **전투력**이 좋은 말뿐만 아니라 발해 사람들은 상당한 수준의 **제철** 기술도 갖추고 있었어요. 철을 자유자재로 다뤄 단단하고도 날카로운 무기를 만들어 냈던 것이죠. 또 호랑이도 잡을 만큼 용감했던 발해 남자들은 **격구**와 같은 놀이를 통해 항상 무예를 갈고닦았다고 해요.

발해 여성에 대한 기록도 흥미로워요. 발해에서는 절을 할 때 남자들은 바닥에 무릎을 꿇고 절하지만, 여자들은 서서 허리를 굽히는 정도로만 절을 했대요. 또 결혼 후에 남편이나 아내 외에 다른 사람을 몰래 만나는 것을 발해 사람들은 절대 가만두지 않았대요. 고대 국가에서는 지위가 높은 남자가 여러 명의 부인을 둔 경우가 많았는데, 발해에서는 **일부일처제**만 **허용됐던** 거예요. 이를 통해 발해 여성의 지위는 높았던 것을 알 수 있답니다.

조선 시대 군사를 위한 무술 교과서인 《무예도보통지》에 실린 격구 장면이에요.

역사 문해력 키우기

Q 발해의 어떤 점이 가장 매력적인 것 같아요? 왜요?

역사 상식

◆ **다음 빈칸을 채우세요.**

고구려 장군이던 대조영이 고구려 유민들과 함께 세운 나라는 ☐☐ 예요.

◆ **맞으면 O, 틀리면 X 하세요.**

1. 발해는 주변 나라들과 활발한 교류로 큰 발전을 이루어요. ☐
2. 발해는 철을 잘 다뤄서 무기를 잘 만들었어요. ☐
3. 발해는 남성의 지위가 여성보다 훨씬 더 높았어요. ☐

어휘 풀이

- **유민** | 멸망해서 없어진 나라의 백성
- **통치하다** | 나라나 지역을 맡아 다스리다
- **문물** | 정치, 경제, 종교, 예술 같은 문화가 만든 결과물
- **수용하다** | 어떤 것을 받아들이다
- **왕성하다** | 기운이 한창 활발하다
- **교류** | 문화나 생각 등을 서로 주고받는 것
- **번영** | 물질적으로 넉넉해짐
- **번성하다** | 권력이나 힘이 강해져서 널리 퍼지다
- **담비** | 족제비와 비슷한 생김새에 털이 달린 동물
- **전투력** | 전투를 할 수 있는 능력
- **제철** | 철을 다루는 일
- **일부일처제** | 한 남편이 한 아내만 두는 결혼 제도
- **허용되다** | 문제 삼아지지 않고 허락되어 받아들여지다

역사 지식

◆ **대조영**

698년에 발해를 세운 제1대 왕이에요. 고왕이라고 불리며, 고구려 유민으로서 다른 유민들을 이끌고 고구려의 뜻을 잇는 나라를 세웠어요. 발해를 처음 세웠다고 알려진 동모산은 지금의 중국 길림성에 있어요. 이 당시에 남쪽으로는 통일 신라, 북쪽으로는 발해가 있어서 두 나라가 함께했던 시기를 '남북국 시대'라고 말해요.

◆ **격구**

옛날에 젊은 사람들이 말을 타거나 걸어 다니면서 기다란 막대기로 공을 치던 운동이에요. 당나라에서 우리나라로 7세기에 들어왔어요. 고려와 조선까지도 이어져 다양한 사람들이 즐겨 했다고 전해져요.

정답

PART 1. 문화

1. 토기 / O X X
2. 왕인 / X X O
3. 광개토 대왕비 / O O X
4. 화랑 / X X O
5. 고분 벽화 / X O X
6. 우륵 / O X X
7. 백제 금동 대향로 / X O O
8. 김춘추 / X O X
9. 얼굴 무늬 수막새 / O O X
10. 사치 금지령 / X X O

PART 2. 사회

11. 가배 / O X O
12. 서옥제 / X X O
13. 태학 / X O X
14. 순장 / X X O
15. 목간 / X O X
16. 이차돈 / O X X
17. 온달 / X O X
18. 화랑도 / X O X
19. 서동요 / O O X
20. 의자왕 / O O X

PART 3. 경제

21. 장신구 / O X X
22. 진대법 / X O X
23. 목간 / X X O
24. 경시 / X X O
25. 우경법 / X X O
26. 조용조 / O X O
27. 녹읍 / O O X
28. 상보고 / O X O
29. 신라 촌락 문서 / O X O

PART4. 과학

30. 칠지도 / X X O
31. 온돌 / X O O
32. 기상 / O X O
33. 가야 / X O X
34. 고구려 / X O X
35. 저온 저장고 / X O O
36. 황룡사 목탑 / X X O
37. 해시계 / X X O

38. 통일 신라 / X O X

39. 석굴암, 불국사 / X O X

PART5. 정치

40. 화백 회의 / X X O

41. 미천왕 / O X O

42. 평양 / O X O

43. 신라 / X O X

44. 도림 / O X O

45. 이사부 / O X O

46. 율령 / X X O

47. 신라 / O X O

48. 황산벌 전투 / O X X

49. 연개소문 / O X O

50. 발해 / O O X

역사어휘사전
반복적으로 나오는 역사어휘 112

* 역사어휘사전은 가나다순이 아니라
함께 알아 두면 좋을 어휘들을 묶어 배열했어요.

◆ 시간 (13)

- **서기** | 예수 그리스도가 태어난 해를 시작점으로 하여 역사가 시작된 후
- **기원전** | 예수가 태어난 해를 기준으로 한 달력에서 기준 연도의 이전
- **연대** | 지나온 햇수나 시대
- **연대순** | 지나온 햇수나 시대의 차례
- **시대** | 역사적으로 어떤 특징을 기준으로 나눈 일정한 기간
- **고대** | 원시 시대와 중세 사이의 시대. 고조선 때부터 통일 신라 시대까지를 뜻함
- **초기** | 어떤 기간의 처음이 되는 시기
- **중기** | 어떤 기간의 중간이 되는 시기
- **후기** | 일정 기간을 둘이나 셋으로 나누었을 때의 맨 뒤 기간
- **초반** | 어떤 일이나 일정한 기간의 첫 단계
- **중반** | 어떤 일이나 일정한 기간의 중간 단계
- **후반** | 전체를 반씩 둘로 나눈 것의 뒤쪽 반
- **전성기** | 힘이나 세력 등이 한창 활발한 시기

◆ 국가 (30)

- **고대 국가** | 중세 이전에 형성하여 발전된 아주 옛날의 국가
- **제국** | 황제가 다스리는 나라
- **왕국** | 임금이 다스리는 나라

- **왕권** | 임금이 가지고 있는 힘이나 권리
- **왕위** | 임금의 자리나 지위
- **중앙 집권적** | 나라를 다스리는 권력이 지방에 흩어져 있지 않고 중앙 정부에 집중된

- **지배** | 어떤 사람이나 집단을 자신의 뜻대로 복종하게 하여 다스리거나 차지함
- **체제** | 나라의 전체적인 틀
- **정책** | 나라를 바르게 다스리기 위해 사용하는 방법
- **율령** | 나라를 다스리기 위해 만든 법과 제도
- **반포하다** | 널리 퍼뜨려 모두 알게 하다
- **번성하다** | 권력이나 힘이 강해져서 널리 퍼지다

- **번영** | 물질적으로 넉넉해짐

- **동맹** | 둘 이상의 개인이나 단체, 나라가 이익을 위해서 서로 도울 것을 약속하는 결합
- **동맹국** | 이익을 위하여 서로 도울 것을 약속한 나라
- **연맹** | 같은 목적을 가진 둘 이상의 단체나 국가가 서로 돕기로 약속함
- **연맹국** | 같은 목적을 이루기 위해 서로 돕기로 약속한 나라
- **연대하다** | 여럿이 함께 무슨 일을 하거나 책임을 지다

- **영토** | 한 국가의 땅
- **토지** | 사람들이 생활하고 활동하는 데 이용하는 땅
- **촌락** | 주로 시골에서 여러 집들이 모여 사는 장소
- **농토** | 농사짓는 땅
- **유역** | 강의 주변 지역

- **조세** | 나라를 이끌어 가는 데 필요하여 국민에게서 거두어들이는 돈
- **화폐** | 상품의 가치를 매기는 기준이 되며, 상품과 교환할 수 있는 수단이 되는 것
- **공납** | 나라에 의무적으로 내는 물품
- **진상품** | 왕이나 높은 관리에게 바치는 물품
- **관청** | 나라의 일을 맡아서 하는 기관

- **민심** | 일반 국민의 생각과 마음
- **구제하다** | 어려운 사정에 놓인 사람을 도와주다

◆ 역사책 (3)

- **삼국유사** | 고려 시대에 승려 일연이 쓴 역사책. 삼국과 가야, 고대 국가의 역사와 불교에 관련된 설화와 신화 등을 다루고 있다
- **삼국사기** | 고려 시대에 김부식이 왕의 명령을 받고 펴낸 역사책. 신라, 백제, 고구려의 삼국 역사에 관해 쓰여 있으며, 《삼국유사》와 함께 한국에 남아 있는 가장 오래된 역사책
- **기록** | 어떤 사실이나 생각을 적어서 남김

◆ 신분 (18)

- **신분** | 개인의 사회적인 위치나 계급
- **신분 사회** | 태어날 때부터 정해진 신분이 있는 사회
- **계급** | 사회나 일정한 조직 내에서의 지위
- **지위** | 사회적 신분에 따른 위치
- **세력** | 어떤 특징이나 힘을 가진 무리

- **지배층** | 정치적, 경제적, 사회적으로 다른 사람이나 집단에 대하여 지배적인 힘을 가진 계층
- **계층** | 한 사회에서 신분이나 경제 수준에 따라 나누어지는 무리
- **상류층** | 계급이나 신분, 생활 수준 등이 높은 사람들

- **관리** | 나라의 사무를 맡아보는 사람
- **관직** | 관리가 책임지고 맡아서 하는 일이나 그 일에 따른 위치
- **벼슬** | 나랏일을 하는 관리의 직분이나 자리

- **무사** | 무술을 배우고 익혀 그것을 쓰는 일을 하는 사람
- **군주** | 지방을 다스리던 벼슬 또는 관리
- **촌주** | 신라 시대 지방을 관리하던 사람

- **귀족** | 타고난 신분이나 사회적 계급이 높은 계층에 속하는 사람
- **신진** | 새로 벼슬에 오름

- **평민** | 벼슬이 없는 일반인
- **하층민** | 계급이나 신분, 생활 수준 등이 낮은 사람

◆ 역사적 물건과 장소 (14)

- **유적** | 남아 있는 역사적인 흔적
- **유물** | 앞선 시대에 살았던 사람들이 후대에 남긴 물건
- **유산** | 이전 세대가 물려준 것
- **문물** | 정치, 경제, 종교, 예술 같은 문화가 만든 결과물

- **능** | 왕이나 왕후의 무덤
- **총** | 누구의 무덤인지 알 수 없지만 크기나 규모를 볼 때 무덤의 주인이 그 시대 상당한 권력자임을 알 수 있는 무덤

- **사찰** | 스님들이 불상을 모시고 불교를 가르치고 배우며 도를 닦는 곳
- **목탑** | 나무로 만든 탑
- **석탑** | 돌로 된 재료를 이용하여 쌓은 탑

- **고분** | 고대에 만들어진 무덤으로 역사적 또는 고고학적 자료가 될 수 있는 분묘(흙을 쌓아 놓은 묘)
- **발굴하다** | 땅속에 묻혀 있던 것을 찾아 파내다
- **출토되다** | 땅속에 묻혀 있던 오래된 물건이 밖으로 나오게 되거나 파내어지다

- **지정되다** | 특별한 자격이나 가치가 있는 것으로 정해지다
- **등재되다** | 이름이나 어떤 내용이 적혀 올려지다

◆전쟁 (12)

- **적군** | 적의 군대나 군사
- **장수** | 군사들을 이끄는 대장
- **군사** | 군대, 전쟁 등 군에 관한 일
- **전투** | 두 편의 군대가 무기를 갖추고 서로 싸움
- **정벌** | 적이나 나쁜 무리를 힘으로 물리침
- **대외 정벌** | 다른 나라를 힘으로 물리침
- **정복하다** | 다른 민족이나 나라를 힘으로 쳐서 복종시키다
- **전사하다** | 전쟁터에서 싸우다 죽다
- **포위당하다** | 주위에 빙 둘러싸이다
- **함락** | 적의 성 등을 공격해 무너뜨림
- **멸망하다** | 망하여 없어지다
- **공** | 어떤 일을 위해 바친 노력과 수고. 또는 그 결과

◆기타 (22)

- **강화하다** | 세력이나 힘을 더 강하게 하다
- **견제하다** | 상대방이 자유롭게 행동하거나 힘이 강해지지 못하도록 하다
- **교류하다** | 문화나 생각 등을 서로 주고받다
- **계승하다** | 조상의 전통이나 문화, 업적 등을 물려받아 계속 이어 나가다
- **반발하다** | 어떤 상태나 행동 등에 대하여 반대하다
- **보유하다** | 가지고 있거나 간직하고 있다
- **부패하다** | 정치, 사상, 의식 등이 정의롭지 못한 쪽으로 빠져들다
- **분열하다** | 하나의 집단이 여러 개로 갈라져 나뉘다
- **수용하다** | 어떤 것을 받아들이다
- **시행하다** | 실제로 행하다
- **왕성하다** | 기운이 한창 활발하다
- **유래하다** | 사물이나 일이 생겨나다
- **장려하다** | 좋은 일을 하도록 권하거나 북돋아 주다
- **장악하다** | 무엇을 마음대로 할 수 있게 휘어잡다
- **존재하다** | 실제로 있다
- **지급하다** | 돈이나 물건 등을 정해진 만큼 내주다
- **차지하다** | 사물이나 공간, 지위 등을 가지다
- **하사하다** | 왕이나 윗사람이 신하나 아랫사람에게 물건을 주다
- **통제하다** | 어떤 목적에 따라 행동을 못하게 막다

- **통치하다** | 나라나 지역을 맡아 다스리다
- **폐지하다** | 실시해 오던 제도나 법규, 일 등을 그만두거나 없애다
- **추정하다** | 미루어 생각하여 판단하고 정하다